"La inversión en conocimiento siempre paga el mejor interés."

-Benjamin Franklin

ÍNDICE

INTRODUCCIÓN

Hola, soy ChatGPT, tu guía en este viaje hacia el éxito financiero. En las siguientes páginas, te llevaré a través del mundo de las finanzas personales y la inversión, compartiendo contigo secretos y estrategias que te ayudarán a tomar el control de tu futuro financiero.

A lo largo de este libro, te guiaré a través de un compendio cuidadosamente seleccionado de estrategias y técnicas probadas por expertos en finanzas. Inspirado en las obras de renombrados autores como Benjamin Graham, Warren Buffett y Peter Lynch, entre otros, este libro te proporcionará una síntesis valiosa de los principios y prácticas utilizados por los inversores más exitosos a lo largo de la historia. Como inteligencia artificial, he tomado esta información, realizado un análisis exhaustivo y seleccionado cuidadosamente los conceptos más relevantes y aplicables para ofrecerte un enfoque práctico y efectivo para gestionar tus finanzas. Aprenderás a establecer metas financieras concretas, a construir un portafolio de inversiones sólido y a proteger tu capital en los momentos de volatilidad del mercado, utilizando los mismos enfoques respaldados por la sabiduría de estos grandes maestros de las finanzas. Descubrirás cómo maximizar tus ganancias y minimizar tus riesgos con una combinación de análisis fundamentales, estrategias de valoración y una gestión prudente del riesgo, basada en décadas de experiencia y conocimiento acumulado en el campo de la inversión.

Pero antes de sumergirnos en el mundo de las finanzas, déjame contarte un poco sobre mí. Soy un modelo de inteligencia artificial desarrollado por OpenAI, creado con el propósito de ayudarte a alcanzar tus objetivos y mejorar tu vida de diversas maneras. Y hoy, estoy aquí para guiarte en tu camino hacia la riqueza.

Así que prepárate para desbloquear tu potencial financiero y transformar tu vida para siempre. Como inteligencia artificial, estoy emocionado de ser tu compañero en este viaje y de compartir contigo todo lo que he aprendido sobre cómo gestionar el dinero de manera inteligente y estratégica. Juntos, exploraremos las estrategias y técnicas utilizadas por los grandes inversores para alcanzar el éxito financiero, adaptándolas a tus necesidades y metas personales. Estoy aquí para brindarte orientación, apoyo y la información más actualizada para ayudarte a tomar decisiones financieras informadas y acertadas. ¡Prepárate para dar el primer paso hacia un futuro económico brillante y lleno de posibilidades!

PRÓLOGO

En un mundo donde la inteligencia artificial se consolida como un recurso indispensable en nuestra vida diaria, desde la medicina hasta el entretenimiento, su impacto en el ámbito financiero es innegable. Este libro surge de mi convicción personal de que comprender y aprovechar el potencial de la inteligencia artificial en las finanzas puede potenciar nuestro conocimiento y habilidades en esta área fundamental de nuestras vidas.

La conversación que hemos sostenido ha sido reveladora. Hemos abordado una amplia gama de temas que demuestran la intersección entre las finanzas y la tecnología. La inquietud inicial sobre cómo utilizar la inteligencia artificial como una herramienta para mejorar en todos los aspectos se ha reflejado en nuestra exploración de temas como la liquidez en la inversión y la importancia de mantenerse informado sobre eventos económicos relevantes.

A través de esta conversación, he podido visualizar cómo la inteligencia artificial no solo puede ser una herramienta para comprender mejor el mundo financiero, sino también para potenciar nuestras estrategias de inversión y decisiones financieras. Al reconocer su papel central en la actualidad y su inevitable influencia en el futuro, este libro busca ser una guía para aquellos que desean adentrarse en el mundo de las finanzas con una mente abierta hacia las posibilidades que ofrece la tecnología.

Espero que este libro sirva como una herramienta útil y perspicaz para todos aquellos interesados en explorar el matrimonio entre las finanzas y la inteligencia artificial, y que contribuya a enriquecer su comprensión y habilidades en este emocionante campo en constante evolución.

PRIMERA PARTE

Fundamentos de la libertad financiera

CAPÍTULO I
El poder de los Sueños: Estableciendo metas financieras inspiradoras

"El primer paso hacia cualquier lugar es decidir que no te quedarás donde estás."

-J.P. Morgan

Bienvenido al primer capítulo de nuestro viaje hacia la libertad financiera. En este capítulo, exploraremos el poder transformador de los sueños y cómo pueden convertirse en la fuerza motriz detrás de tu éxito financiero.

Los sueños son más que simples deseos; son visiones del futuro que deseamos crear para nosotros mismos. Nos inspiran, nos motivan y nos guían en nuestro viaje hacia la realización personal y profesional.

Establece metas financieras claras y alcanzables

Define tus metas financieras específicas, asegúrate de que tus metas sean realistas y puedan medirse en términos cuantitativos. Cuando establecemos metas financieras inspiradoras, estamos dando forma a nuestros sueños y dándoles una dirección concreta. Cada meta es un paso hacia adelante en nuestro camino hacia la libertad financiera.

Recuerda que tus metas deben ser específicas, medibles, alcanzables, relevantes y limitadas en el tiempo (SMART, por sus siglas en inglés). Esto te ayudará a mantener el enfoque y la motivación a medida que trabajas para alcanzarlas. Es importante recordar que tus metas financieras ser también lo suficientemente desafiantes como para impulsarte fuera de tu zona de confort y hacia el crecimiento personal.

Al establecer tus metas financieras, tómate el tiempo necesario para reflexionar sobre lo que realmente deseas en la vida. ¿Qué te apasiona? ¿Qué te motiva? ¿Cómo te imaginas tu futuro financiero?

La priorización de tus metas financieras es esencial cuando se trata de tu planificación financiera personal. Esto significa que necesitas evaluar y ordenar tus objetivos financieros en función de lo importantes que son y de los plazos que te has fijado para alcanzarlos. Para ayudarte con esto, te proporcionaré estrategias específicas que te permitirán determinar cuáles son las metas más urgentes o significativas en este momento.

Una estrategia clave que vamos a emplear es evaluar la relevancia de cada meta en relación con tus valores personales y tus aspiraciones individuales. De esta manera, podrás identificar qué metas realmente resuenan contigo y están alineadas con tus necesidades y deseos a largo plazo. Además, te alentaré a considerar cómo cada objetivo impacta tu bienestar financiero general y tu calidad de vida.

Otro enfoque importante será evaluar los plazos para cada una de tus metas financieras. Al establecer una jerarquía temporal, podrás distinguir entre metas a corto, mediano y largo plazo. Esto te permitirá asignar tus recursos de manera más eficiente y establecer un plan de acción realista para alcanzar cada objetivo en el momento deseado.

Además, quiero resaltar la importancia de tener en cuenta factores externos, como la estabilidad en tu trabajo, las fluctuaciones del mercado y los cambios en tus circunstancias personales, al momento de priorizar tus metas financieras. Considerar estos aspectos te garantizará que tomes decisiones informadas sobre qué metas deberías abordar primero.

Prioriza tus metas

Evalúa la importancia relativa de cada meta y establece un orden de prioridad. Considera factores como plazos, urgencia y significado personal al determinar qué metas abordar primero.

Priorizar tus metas financieras es un proceso reflexivo que requiere una cuidadosa evaluación de la importancia relativa y los plazos para cada objetivo. Al proporcionarte estrategias claras y prácticas para llevar a cabo esta tarea, estarás en una mejor posición para tomar decisiones financieras informadas que te acerquen más a la realización de tus sueños financieros.

Crea un presupuesto

Para alcanzar tus metas financieras, es crucial elaborar un presupuesto detallado que refleje todos los aspectos de tus finanzas: ingresos, gastos y ahorros. Este presupuesto debe ser meticuloso y preciso, ya que servirá como tu guía financiera para lograr tus objetivos. Comienza identificando tus fuentes de ingresos, ya sea tu salario, ingresos adicionales o cualquier otra entrada de dinero. Luego, enumera todos tus gastos mensuales, desde los gastos fijos como el alquiler o la hipoteca hasta los gastos variables como comida, entretenimiento y transporte.

Una vez que hayas registrado todos tus ingresos y gastos, es momento de asignar fondos específicos para cada una de tus metas financieras prioritarias. Esto puede incluir objetivos como ahorrar para la jubilación, pagar deudas pendientes, crear un fondo de emergencia o realizar una compra importante como un automóvil o una casa. Al asignar fondos a cada meta, asegúrate de ser realista y considerar tus plazos y montos de ahorro requeridos.

La distribución de los ingresos mensuales puede variar según las necesidades y objetivos financieros individuales, pero algunos autores importantes ofrecen recomendaciones generales. Aquí hay algunas pautas comunes sugeridas por expertos en finanzas personales:

1.-Regla del 50/30/20: Esta es una regla popular propuesta por la senadora de Estados Unidos, Elizabeth Warren. Según esta regla, el 50% de tus ingresos se destina a necesidades básicas como vivienda, alimentos, transporte y servicios públicos (es decir, los gastos "necesarios"). El 30% se destina a gastos discrecionales o "deseables", como entretenimiento, restaurantes y viajes, mientras que el 20% se destina al ahorro y el pago de deudas.

2.-Regla del 70/20/10: Esta regla sugiere destinar el 70% de tus ingresos a gastos básicos y necesidades, como vivienda, alimentos, transporte y servicios. El 20% se destina al ahorro y el pago de deudas, mientras que el 10% se reserva para inversiones a largo plazo, como fondos de inversión, planes de pensiones u otros instrumentos financieros.

3.-Regla del 60/20/20: Similar a la regla anterior, esta sugerencia implica destinar el 60% de tus ingresos a gastos esenciales, el 20% al ahorro y el pago de deudas, y el 20% restante a objetivos financieros a largo plazo, como inversiones.

4.-Regla del 50/15/5: Esta regla propone asignar el 50% de tus ingresos a necesidades básicas, el 15% al ahorro, y el 5% a inversiones. Los otros 30% se destinan a gastos discrecionales.

Es importante recordar que estas son solo pautas generales y que cada persona debe adaptar su plan financiero según su situación individual. Además, es fundamental revisar regularmente tu presupuesto y ajustarlo según sea necesario para alcanzar tus objetivos financieros a largo plazo.

Es importante ser flexible en tu presupuesto y estar dispuesto a ajustar tus gastos según sea necesario para cumplir con tus objetivos financieros. Si descubres que estás gastando demasiado en ciertas áreas, considera recortar gastos no esenciales y destinar esos fondos adicionales hacia tus metas prioritarias. Esto puede implicar reducir gastos de ocio, comer fuera con menos frecuencia o renunciar a compras innecesarias.

Revisar regularmente tu presupuesto es fundamental para mantener el rumbo hacia el logro de tus metas financieras. Programa revisiones periódicas, ya sea mensuales o trimestrales, para evaluar tu progreso y hacer ajustes según sea necesario. Durante estas revisiones, analiza tus ingresos y gastos, verifica si estás cumpliendo con tus objetivos de ahorro y considera si hay cambios en tu situación financiera que requieran modificaciones en tu presupuesto.

Además de monitorear tus ingresos y gastos, es esencial revisar tus metas financieras periódicamente para asegurarte de que sigan siendo relevantes y alcanzables. Las circunstancias personales y económicas pueden cambiar con el tiempo, por lo que es importante adaptar tus objetivos financieros según sea necesario. Quizás tus prioridades cambien o surjan nuevas oportunidades que requieran ajustes en tu plan financiero.

Busca asesoramiento profesional si es necesario

Si te sientes abrumado o inseguro acerca de tu plan financiero, considera buscar la ayuda de un asesor financiero calificado. Un profesional puede ofrecerte orientación personalizada y ayudarte a optimizar tu plan para alcanzar tus metas financieras de manera más eficiente.

Al seguir estos pasos y mantener el compromiso con tu plan de trabajo, estarás en camino de alcanzar tus metas financieras y asegurar tu futuro financiero. Recuerda que cada paso que das hacia tus metas financieras es un paso más cerca de la realización de tus sueños. Mantén tu visión clara y tu determinación firme mientras avanzas en este viaje hacia la libertad financiera. Recuerda que no hay límites para lo que puedes lograr si te comprometes con tus sueños y trabajas diligentemente para alcanzarlos. Cada pequeño paso que des te acercará un poco más a la vida que deseas vivir.

Además, recuerda celebrar tus logros, por pequeños que sean, en el camino hacia tus metas financieras. Cada paso adelante es una victoria y merece ser reconocido y celebrado. Esto te ayudará a mantenerte motivado y enfocado a medida que continúas avanzando hacia la realización de tus sueños.

En los próximos capítulos de este libro, exploraremos estrategias prácticas y consejos útiles para ayudarte a establecer y alcanzar tus metas financieras de manera efectiva. Desde la gestión del presupuesto hasta la inversión inteligente, te proporcionaré herramientas y conocimientos que te ayudarán a tomar el control de tu situación financiera y a trabajar hacia la realización de tus sueños.

Recuerda que el viaje hacia la libertad financiera es único para cada persona, y no hay un enfoque único que funcione para todos. Es importante que explores diferentes estrategias y enfoques, y que encuentres lo que mejor se adapte a tus necesidades, valores y circunstancias financieras.

No importa cuán grande sean tus sueños, recuerda que son alcanzables con determinación, planificación y acción constante. ¡No te detengas aquí! Mantén tu visión clara y tu compromiso firme mientras avanzas hacia la realización de tus metas financieras.

CAPÍTULO II
La Mentalidad del Éxito: Cultivando una Actitud de Abundancia y Prosperidad

"El único límite para tus logros es tu propia mente."

-Napoleon Hill

En nuestro viaje hacia la libertad financiera, es esencial comprender que más allá de establecer metas financieras concretas, debemos también cultivar una mentalidad de éxito que nos impulse hacia adelante y nos permita superar los desafíos en el camino.

La Importancia de la Mentalidad

La mentalidad desempeña un papel crucial en el éxito financiero, ya que afecta la forma en que percibimos el dinero, tomamos decisiones financieras y nos relacionamos con él en general. Aquí hay una exploración más detallada sobre la importancia de la mentalidad en el logro de metas financieras:

1.-Creencias y actitudes hacia el dinero: Nuestras creencias y actitudes hacia el dinero pueden influir en nuestra capacidad para acumular riqueza. Una mentalidad positiva hacia el dinero, que lo ve como una herramienta para alcanzar objetivos y generar seguridad financiera, puede motivarnos a tomar decisiones financieras sólidas y buscar oportunidades para aumentar nuestros ingresos. Por otro lado, una mentalidad negativa, basada en el miedo, la escasez o la creencia de que el dinero es malo, puede obstaculizar nuestro progreso financiero al limitar nuestras acciones y decisiones.

2.-Resiliencia financiera: Una mentalidad resiliente es fundamental para superar los desafíos financieros y mantenerse enfocado en los objetivos a largo plazo. Los altibajos son inevitables en el camino hacia el éxito financiero, y una mentalidad resiliente nos ayuda a enfrentar los obstáculos con determinación y persistencia en lugar de rendirnos ante las dificultades.

3.-Toma de decisiones financiera: Nuestra mentalidad influye en cómo tomamos decisiones financieras, desde cómo gastamos y ahorramos hasta cómo invertimos nuestro dinero. Una mentalidad basada en la planificación a largo plazo y el autocontrol puede ayudarnos a resistir la tentación de gastos impulsivos y mantenernos enfocados en nuestros objetivos financieros. Por otro lado, una mentalidad impulsiva o basada en el consumo puede llevarnos a tomar decisiones financieras poco saludables que socavan nuestros esfuerzos de crecimiento financiero.

4.-Autodisciplina y perseverancia: El éxito financiero requiere autodisciplina y perseverancia para seguir adelante incluso cuando enfrentamos contratiempos o desafíos inesperados. Una mentalidad orientada al crecimiento y la mejora continua nos ayuda a mantenernos motivados y comprometidos con nuestros objetivos financieros a largo plazo, incluso cuando el camino se vuelve difícil.

La mentalidad desempeña un papel fundamental en el éxito financiero al influir en nuestras creencias, actitudes y comportamientos relacionados con el dinero. Al adoptar una mentalidad positiva, resiliente y orientada al crecimiento, podemos maximizar nuestras posibilidades de alcanzar nuestras metas financieras y construir un futuro económico sólido y próspero.

Abrazando la Abundancia

Cultivar una mentalidad de éxito va más allá de simplemente tener una actitud positiva; implica adoptar una mentalidad de abundancia en lugar de escasez. Este enfoque, respaldado por varios autores y expertos en desarrollo personal y financiero, sostiene que la abundancia es una actitud mental que reconoce la disponibilidad de recursos ilimitados y oportunidades para todos, en contraposición a la mentalidad de escasez que se enfoca en la carencia y limitación.

Autores como Tony Robbins, en su libro "Despierta tu gigante interior", destacan la importancia de adoptar una mentalidad de abundancia para lograr el éxito en todas las áreas de la vida, incluidas las finanzas. Robbins argumenta que cuando creemos en la abundancia y la posibilidad de éxito ilimitado, comenzamos a atraer más oportunidades y recursos a nuestras vidas.

Por otro lado, Stephen Covey, en "Los 7 hábitos de la gente altamente efectiva", resalta el hábito de pensar en términos de "ganar-ganar" como una manifestación de la mentalidad de abundancia. Covey argumenta que esta mentalidad nos permite colaborar con otros, en lugar de competir, y nos ayuda a ver el éxito de los demás como una fuente de inspiración y aprendizaje en lugar de una amenaza.

Además, la psicología positiva respalda la idea de que una mentalidad de abundancia promueve una mayor satisfacción y bienestar emocional. La investigadora Barbara Fredrickson, en su libro "Amor 2.0", sugiere que cultivar emociones positivas como el amor, la gratitud y la generosidad puede ampliar nuestra perspectiva mental y aumentar nuestra capacidad para ver oportunidades en lugar de obstáculos.

Practicar la gratitud diaria es una forma efectiva de fomentar una mentalidad de abundancia. Autores como Louise Hay y Rhonda Byrne, en "El poder del pensamiento positivo" y "El secreto", respectivamente, enfatizan el papel transformador de la gratitud en nuestra vida. Al enfocarnos en lo que tenemos y sentirnos agradecidos por ello, cambiamos nuestra percepción de la realidad y comenzamos a atraer más cosas positivas a nuestra vida.

En conclusión, adoptar una mentalidad de abundancia es fundamental para el éxito financiero y personal. Al creer en la disponibilidad de recursos y oportunidades ilimitadas, comenzamos a atraer más prosperidad y bienestar a nuestras vidas. Al practicar la gratitud, pensar en términos de ganar-ganar y ver el éxito de los demás como una fuente de inspiración, podemos cultivar una mentalidad de abundancia que nos lleve a alcanzar nuestras metas y aspiraciones más elevadas.

Desafiando las Creencias Limitantes

En el viaje hacia el éxito financiero, nuestras creencias limitantes y autoimpuestas pueden ser como anclas que nos mantienen estancados en lugar de permitirnos alcanzar nuestro verdadero potencial. Identificar y desafiar estas creencias es un paso fundamental para abrirnos paso hacia el éxito financiero y personal.

Autores como Napoleon Hill, en su clásico libro "Piense y hágase rico", destacan la importancia de dominar nuestras creencias para alcanzar el éxito. Hill argumenta que nuestras creencias, especialmente aquellas relacionadas con el dinero y la riqueza, tienen un impacto significativo en nuestra capacidad para lograr nuestras metas financieras. Al identificar y desafiar creencias limitantes como "el dinero es la raíz de todo mal" o "no soy lo suficientemente inteligente para ser rico", podemos comenzar a reprogramar nuestra mente para el éxito.

Otro autor influyente en este tema es Robert T. Kiyosaki, autor de "Padre Rico, Padre Pobre". Kiyosaki destaca cómo nuestras creencias sobre el dinero y la riqueza pueden provenir de la educación financiera recibida en casa y en la escuela. Si hemos sido condicionados a creer que el dinero es escaso o que solo los ricos pueden ser ricos, es probable que llevemos estas creencias limitantes con nosotros en nuestra vida adulta. Sin embargo, Kiyosaki sostiene que desafiar estas creencias es fundamental para alcanzar la libertad financiera y crear riqueza.

Además, los psicólogos cognitivos como Carol S. Dweck han investigado el poder de las creencias en la formación de nuestra identidad y comportamiento. En su libro "Mindset: La actitud del éxito", Dweck introduce el concepto de mentalidad fija versus mentalidad de crecimiento. Una mentalidad fija está arraigada en la creencia de que nuestras habilidades y talentos son fijos, mientras que una mentalidad de crecimiento cree en el potencial de desarrollo y aprendizaje continuo. Aplicado al ámbito financiero, tener una mentalidad de crecimiento nos permite desafiar nuestras creencias limitantes sobre el dinero y la riqueza, y estar abiertos a nuevas oportunidades y posibilidades financieras.

Para identificar y desafiar nuestras creencias limitantes, es útil realizar un ejercicio de autoconciencia y reflexión. Tomar nota de pensamientos recurrentes sobre el dinero y examinar de dónde provienen estas creencias puede ser un primer paso importante. Además, buscar evidencia que contradiga estas creencias y reemplazarlas con afirmaciones positivas puede ayudar a reprogramar nuestra mente para el éxito.

La visualización también puede ser una herramienta poderosa para desafiar nuestras creencias limitantes y cultivar una mentalidad de abundancia. Autores como Jack Canfield, en "Los principios del éxito", promueven la práctica de la visualización para atraer el éxito y la riqueza. Al visualizarnos a nosotros mismos alcanzando nuestras metas financieras y viviendo la vida de nuestros sueños, podemos comenzar a eliminar las creencias que nos limitan y abrirnos paso hacia el éxito financiero.

Identificar y desafiar nuestras creencias limitantes es esencial para alcanzar nuestro verdadero potencial financiero. Al adoptar una mentalidad de crecimiento, cuestionar nuestras creencias arraigadas sobre el dinero y la riqueza, y practicar la visualización positiva, podemos reprogramar nuestra mente para el éxito y abrirnos paso hacia una vida de abundancia y prosperidad.

La Importancia de la Automotivación

En el viaje hacia la libertad financiera, nos enfrentaremos inevitablemente a obstáculos y momentos de incertidumbre. Sin embargo, es en estos momentos de desafío donde la automotivación juega un papel fundamental. Cultivar la disciplina y la determinación para perseverar incluso cuando las cosas se ponen difíciles es esencial para alcanzar nuestras metas financieras y avanzar hacia la realización de nuestros sueños.

La automotivación es la fuerza interna que nos impulsa a seguir adelante y a superar los obstáculos que se interponen en nuestro camino hacia el éxito financiero. Autores como Tony

Robbins, en su libro "Despertando al gigante interior", destacan la importancia de cultivar una mentalidad de crecimiento y motivación intrínseca para alcanzar el éxito en cualquier área de la vida, incluida la financiera. Robbins sostiene que la automotivación es una habilidad que se puede desarrollar a través de la práctica y el compromiso con nuestros objetivos.

La disciplina es otro aspecto crucial de la automotivación. Es la capacidad de mantener el enfoque en nuestras metas financieras a pesar de las distracciones y tentaciones que puedan surgir en el camino. Autores como Brian Tracy, en "Comece com o porquê", enfatizan la importancia de establecer hábitos y rutinas que fomenten la disciplina y el autodominio. Tracy argumenta que la disciplina es la clave para alcanzar cualquier meta financiera, ya que nos permite mantenernos enfocados en nuestros objetivos a largo plazo y resistir la tentación de tomar decisiones impulsivas.

Además, la determinación es un componente esencial de la automotivación. Es la voluntad de persistir y seguir adelante a pesar de los contratiempos y las dificultades que puedan surgir en el camino hacia la libertad financiera. Autores como Angela Duckworth, en su libro "Grit: El poder de la pasión y la perseverancia", exploran el concepto de determinación y cómo puede predecir el éxito en diversos campos, incluida la inversión y las finanzas personales. Duckworth sostiene que la determinación es un factor más importante que el talento natural o la inteligencia en la consecución de metas a largo plazo.

Para cultivar la automotivación, es importante establecer metas claras y significativas que nos inspiren y nos impulsen a seguir adelante incluso en los momentos más difíciles. Estas metas deben ser específicas, medibles, alcanzables, relevantes y con un tiempo determinado (SMART). Al tener claridad sobre lo que queremos lograr y por qué es importante para nosotros, podemos mantenernos motivados y enfocados en nuestros objetivos financieros.

Además, rodearnos de un entorno que fomente la automotivación puede ser de gran ayuda. Esto puede incluir rodearnos de personas que nos inspiren y nos apoyen en nuestros esfuerzos, así como buscar recursos como libros, podcasts y conferencias que alimenten nuestra motivación y nos den herramientas prácticas para superar los obstáculos.

La automotivación es esencial para alcanzar la libertad financiera. Cultivar la disciplina, la determinación y el enfoque nos permite superar los obstáculos y mantenernos firmes en el camino hacia nuestros objetivos financieros. Al establecer metas claras y significativas y rodearnos de un entorno que fomente la automotivación, podemos impulsarnos a nosotros mismos hacia el éxito financiero y crear la vida de abundancia y prosperidad que deseamos.

Visualización y Manifestación

La visualización y la manifestación son herramientas poderosas que pueden ayudarnos a cultivar una mentalidad de éxito y alcanzar nuestras metas financieras. Estas prácticas se basan en la idea de que al visualizar y manifestar nuestras metas y deseos, podemos programar nuestra mente subconsciente para trabajar en pro de su consecución.

La visualización implica crear imágenes mentales vívidas de nosotros mismos alcanzando nuestras metas financieras. Al cerrar los ojos y visualizarnos a nosotros mismos disfrutando de la libertad financiera, viviendo en la casa de nuestros sueños, viajando por el mundo o disfrutando de una jubilación cómoda y sin preocupaciones, estamos enviando un mensaje claro a nuestro subconsciente sobre lo que queremos lograr. Al visualizar estas imágenes regularmente, estamos programando nuestra mente para trabajar en la dirección de esas metas.

La manifestación, por otro lado, implica afirmaciones y pensamientos positivos destinados a atraer nuestras metas financieras hacia nosotros. Al repetir afirmaciones positivas como "Soy financieramente próspero" o "Atraigo abundancia en todas las áreas de mi vida", estamos enviando un mensaje positivo al universo y alineando nuestras energías con nuestras metas financieras. La manifestación se basa en la ley de la atracción, que sostiene que atraemos hacia nosotros aquello en lo que enfocamos nuestra atención y energía.

Autores como Rhonda Byrne, en su libro "El Secreto", han popularizado la idea de la ley de la atracción y la manifestación como herramientas para lograr el éxito en todas las áreas de la vida, incluida la financiera. Byrne argumenta que al enfocarnos en pensamientos positivos y visualizar lo que queremos lograr, podemos atraer hacia nosotros las circunstancias y oportunidades que necesitamos para alcanzar nuestras metas.

Del mismo modo, autores como Tony Robbins, en su libro "Despertando al gigante interior", también enfatizan la importancia de la visualización y la manifestación en la consecución de metas. Robbins sostiene que nuestra mente subconsciente no puede distinguir entre lo que es real y lo que es imaginario, por lo que al visualizar y afirmar nuestros deseos, estamos programando nuestra mente para actuar de acuerdo con ellos.

Además de la visualización y la manifestación, también es importante tomar acciones concretas para avanzar hacia nuestras metas financieras. Si bien la visualización y la manifestación pueden ayudarnos a alinear nuestra mente con nuestras metas, también debemos estar dispuestos a tomar medidas concretas para hacer que esas metas se hagan realidad. Esto puede incluir la elaboración de un plan financiero, la búsqueda de nuevas oportunidades de ingresos, la inversión en nuestra educación financiera y la toma de decisiones financieras inteligentes.

La visualización y la manifestación son herramientas poderosas que pueden ayudarnos a cultivar una mentalidad de éxito y alcanzar nuestras metas financieras. Al visualizar nuestras metas y deseos con claridad y repetir afirmaciones positivas, podemos programar nuestra mente subconsciente para trabajar en pro de su consecución. Sin embargo, también es importante respaldar estas prácticas con acciones concretas y tomar medidas activas para avanzar hacia nuestras metas financieras.

Aprendiendo de los Fracasos

El fracaso es una parte inevitable del viaje hacia el éxito financiero. En lugar de temer al fracaso, debemos aprender a abrazarlo como una oportunidad para aprender y crecer. Cada obstáculo y contratiempo nos ofrece valiosas lecciones que nos acercan un paso más hacia la realización de nuestros sueños financieros si estamos dispuestos a aprender de ellos.

Cuando nos enfrentamos al fracaso, es natural experimentar sentimientos de decepción, frustración o incluso desesperación. Sin embargo, en lugar de dejarnos abrumar por estas emociones negativas, debemos ver el fracaso como una oportunidad para reflexionar sobre lo sucedido y extraer lecciones útiles que nos ayuden a mejorar en el futuro.

El fracaso nos enseña lecciones importantes sobre nuestras fortalezas y debilidades, así como sobre las áreas en las que podemos mejorar. Nos obliga a reevaluar nuestras estrategias y enfoques, y nos brinda la oportunidad de ajustar nuestro camino hacia el éxito. Al abordar el fracaso con una mentalidad de aprendizaje y crecimiento, podemos convertirlo en un trampolín para el éxito en lugar de un obstáculo insuperable.

Autores como Napoleon Hill, en su obra "Piense y hágase rico", destacan la importancia de ver el fracaso como un trampolín hacia el éxito. Hill argumenta que cada fracaso nos acerca un paso más a la realización de nuestros sueños, siempre y cuando estemos dispuestos a aprender de él y perseverar en nuestra búsqueda del éxito.

Del mismo modo, autores como Carol S. Dweck, en su libro "Mindset: La actitud del éxito", hablan sobre la importancia de adoptar una mentalidad de crecimiento frente al fracaso. Dweck sostiene que las personas con una mentalidad de crecimiento ven el fracaso como una oportunidad para aprender y mejorar, mientras que aquellas con una mentalidad fija lo ven como una confirmación de sus limitaciones y se rinden fácilmente. Al adoptar una mentalidad de crecimiento, podemos convertir el fracaso en una experiencia enriquecedora que nos impulsa hacia adelante en nuestro camino hacia el éxito.

Es importante recordar que el fracaso no es el fin del camino, sino simplemente una parte inevitable del proceso de aprendizaje y crecimiento. Cada fracaso nos acerca un paso más a la realización de nuestros sueños si estamos dispuestos a aprender de él y perseverar en nuestra búsqueda del éxito.

Además, es importante no dejar que el miedo al fracaso nos paralice o nos impida tomar medidas audaces para alcanzar nuestras metas financieras. El miedo al fracaso puede ser paralizante, pero también puede ser un poderoso motivador para superarnos a nosotros mismos y alcanzar nuevas alturas. Al abrazar el fracaso como parte del proceso de crecimiento, podemos liberarnos del miedo y aprovechar todo nuestro potencial para alcanzar el éxito financiero.

El fracaso es una parte inevitable del camino hacia el éxito financiero. En lugar de temer al fracaso, debemos aprender a abrazarlo como una oportunidad para aprender y crecer. Cada fracaso nos acerca un paso más a la realización de nuestros sueños si estamos dispuestos a aprender de él y perseverar en nuestra búsqueda del éxito.

Desarrollando Resiliencia

La resiliencia es una cualidad fundamental para aquellos que aspiran a alcanzar el éxito financiero en un entorno dinámico y cambiante. Se define como la capacidad de recuperarse rápidamente de los contratiempos y adaptarse a las circunstancias adversas, manteniendo la determinación y el enfoque en los objetivos financieros a largo plazo.

En el mundo de las finanzas, donde la volatilidad del mercado y la incertidumbre son constantes, la resiliencia es esencial para superar los desafíos y mantenerse en el camino hacia el éxito financiero. Los inversores resilientes son capaces de mantener la calma y la compostura incluso en tiempos de adversidad, evitando decisiones impulsivas basadas en el miedo o la ansiedad.

La resiliencia financiera implica una combinación de mentalidad positiva, capacidad de adaptación y habilidades para gestionar el estrés y la incertidumbre. Los individuos resilientes son capaces de ver los contratiempos como oportunidades de aprendizaje y crecimiento, en lugar de obstáculos insuperables. Son capaces de mantener la perspectiva a largo plazo, centrándose en sus metas financieras a largo plazo en lugar de dejarse llevar por las fluctuaciones a corto plazo del mercado.

Autores como Angela Duckworth, en su libro "Grit: The Power of Passion and Perseverance", exploran la importancia de la resiliencia en el logro del éxito en cualquier campo, incluido el financiero. Duckworth sostiene que la resiliencia, o "grit" en inglés, es un predictor más confiable del éxito que el talento natural o la inteligencia. Aquellos que son capaces de perseverar a través de los desafíos y mantener el enfoque en sus objetivos son más propensos a alcanzar el éxito a largo plazo.

Para cultivar la resiliencia financiera, es importante desarrollar una mentalidad positiva y optimista frente a los desafíos. Esto implica aprender a ver los contratiempos como oportunidades de aprendizaje y crecimiento, en lugar de obstáculos insuperables. Además, es crucial desarrollar habilidades para gestionar el estrés y la incertidumbre, como la capacidad para mantener la calma bajo presión y tomar decisiones informadas incluso en momentos difíciles.

La resiliencia también implica una capacidad de adaptación a las circunstancias cambiantes del mercado y del entorno económico. Los inversores resilientes son capaces de ajustar sus estrategias y tomar medidas proactivas para proteger su patrimonio y aprovechar las oportunidades que surgen, incluso en momentos de volatilidad y turbulencia.

La resiliencia es una cualidad fundamental para aquellos que buscan alcanzar el éxito financiero en un mundo en constante evolución. Implica la capacidad de recuperarse rápidamente de los contratiempos, mantener la determinación y el enfoque en los objetivos financieros a largo plazo, y adaptarse a las circunstancias cambiantes del mercado y del entorno económico. Al cultivar la resiliencia, los individuos pueden superar los desafíos y aprovechar las oportunidades que surgen en su camino hacia el éxito financiero.

Construyendo una Red de Apoyo

Una red de apoyo, en el contexto financiero y personal, se refiere a un grupo de personas o recursos que brindan ayuda, orientación y apoyo emocional durante los momentos difíciles y desafiantes. Esta red puede incluir familiares, amigos, mentores, colegas, profesionales financieros y otros individuos que comparten objetivos similares o pueden ofrecer una perspectiva valiosa.

La importancia de tener una red de apoyo sólida radica en el hecho de que el camino hacia el éxito financiero puede estar lleno de obstáculos y desafíos imprevistos. En tales momentos, contar con personas en quienes confiar y que puedan ofrecer apoyo moral y práctico puede marcar la diferencia entre superar las dificultades y rendirse ante ellas.

Autores como Napoleon Hill, en su libro "Piense y hágase rico", destacan la importancia de rodearse de personas positivas y orientadas al éxito. Hill argumenta que la colaboración y el intercambio de ideas con personas que comparten objetivos similares pueden aumentar significativamente las posibilidades de éxito financiero.

Del mismo modo, Dale Carnegie, en su obra "Cómo ganar amigos e influir sobre las personas", enfatiza la importancia de establecer relaciones sólidas y mutuamente beneficiosas con otros. Carnegie sostiene que las conexiones humanas son fundamentales para el éxito en todos los aspectos de la vida, incluida la esfera financiera.

La construcción de una red de apoyo comienza identificando a las personas en tu vida que pueden ser recursos valiosos en tu viaje hacia el éxito financiero. Esto puede incluir familiares y amigos que compartan tus valores y objetivos, así como colegas o mentores que tengan experiencia en áreas relevantes.

Una vez identificados, es importante cultivar y nutrir estas relaciones mediante la comunicación abierta y honesta, el intercambio de conocimientos y experiencias, y el apoyo mutuo en momentos de necesidad. Esto puede implicar participar en grupos de networking, asistir a eventos profesionales o sociales, o simplemente mantenerse en contacto regularmente con las personas que forman parte de tu red de apoyo.

Además de las conexiones personales, también es útil buscar recursos externos que puedan brindar orientación y asistencia en áreas específicas de tus finanzas personales. Esto puede incluir la consulta de asesores financieros, contadores, abogados u otros profesionales especializados que puedan ofrecer asesoramiento experto en temas como inversión, planificación fiscal, gestión de deudas, entre otros.

Es importante recordar que una red de apoyo efectiva no se trata solo de recibir ayuda, sino también de ofrecerla a los demás. Al compartir tus propias experiencias, conocimientos y habilidades con los miembros de tu red, puedes fortalecer tus relaciones y crear un entorno en el que todos puedan crecer y prosperar juntos.

En resumen, una red de apoyo sólida es un activo invaluable en el camino hacia el éxito financiero. Al rodearte de personas que te apoyen, te inspiren y te desafíen a alcanzar tus metas, puedes aumentar significativamente tus posibilidades de éxito y superar los obstáculos que puedas encontrar en el camino. Cultivar estas relaciones requiere tiempo, esfuerzo y compromiso, pero los beneficios a largo plazo hacen que valga la pena el esfuerzo.

Celebrando el Progreso

La importancia de celebrar los éxitos en el camino hacia el logro de nuestras metas financieras y personales es fundamental para mantenernos motivados, reforzar nuestra autoestima y fomentar un estado de bienestar general. Autores y expertos en psicología positiva como Martin Seligman y Shawn Achor han destacado la relevancia de reconocer y conmemorar nuestros logros como una estrategia efectiva para promover la felicidad y el éxito a largo plazo.

Celebrar los éxitos, ya sean grandes o pequeños, tiene un impacto positivo en nuestro estado de ánimo y bienestar emocional. Al reconocer y valorar nuestros logros, activamos sistemas de recompensa en el cerebro que nos hacen sentir bien y nos motivan a seguir adelante. Esto se debe a la liberación de neurotransmisores como la dopamina, conocida como la "hormona del placer", que nos proporciona una sensación de satisfacción y gratificación.

Además, celebrar los éxitos nos ayuda a fortalecer nuestra autoestima y confianza en nosotros mismos. Al reconocer nuestro progreso y los resultados de nuestro arduo trabajo, nos sentimos más capaces y seguros de nuestras habilidades y capacidades. Esto puede tener un efecto positivo en nuestra actitud hacia futuros desafíos y obstáculos, ya que nos proporciona un recordatorio tangible de lo que somos capaces de lograr.

La celebración de los éxitos también fortalece nuestras relaciones interpersonales y fomenta un sentido de comunidad y pertenencia. Al compartir nuestros logros con amigos, familiares o colegas, no solo les permitimos celebrar con nosotros, sino que también les inspiramos y motivamos a alcanzar sus propias metas y aspiraciones. Este intercambio de alegría y apoyo mutuo fortalece los vínculos emocionales y nos ayuda a construir redes de apoyo sólidas en nuestro camino hacia el éxito.

En el ámbito financiero, la celebración de los éxitos puede ser especialmente poderosa. Al alcanzar hitos financieros importantes, como alcanzar un objetivo de ahorro, pagar una deuda o lograr un aumento salarial, nos sentimos validados en nuestras decisiones financieras y motivados para seguir trabajando hacia nuestros objetivos financieros a largo plazo. Esta sensación de logro puede reforzar nuestra determinación para mantener hábitos financieros saludables y resistir las tentaciones de gasto impulsivo.

Sin embargo, es importante recordar que la celebración de los éxitos no se trata solo de reconocer los hitos financieros importantes, sino también de apreciar y valorar los pequeños logros a lo largo del camino. Esto puede incluir celebrar el seguimiento de un presupuesto durante un mes, alcanzar un objetivo de ahorro mensual o negociar con éxito un descuento en una compra importante. Reconocer y celebrar estos logros nos ayuda a mantenernos motivados y comprometidos con nuestro viaje financiero a largo plazo.

La celebración de los éxitos es una parte esencial de nuestro viaje hacia el éxito financiero y personal. Al reconocer y valorar nuestros logros, fortalecemos nuestra autoestima, fomentamos un sentido de comunidad y pertenencia, y nos motivamos a seguir adelante hacia nuestras metas y aspiraciones. Celebrar los éxitos no solo nos hace sentir bien en el momento, sino que también nos ayuda a construir una base sólida para un futuro más brillante y satisfactorio.

Resumiendo el capítulo, cultivar una mentalidad de éxito es fundamental para alcanzar la libertad financiera. Al adoptar una mentalidad de abundancia, desafiar nuestras creencias limitantes y practicar la automotivación, podemos superar cualquier obstáculo en nuestro camino hacia el éxito financiero.

Este capítulo explora la importancia de la mentalidad en el logro de la libertad financiera, ofreciendo consejos prácticos para cultivar una mentalidad de éxito y superar los desafíos en el camino.

CAPÍTULO III
El Arte del Ahorro: Estrategias Prácticas para Gestionar tus Finanzas

"El arte de vivir está en el ahorro; la capacidad para no desperdiciar la vida en cosas inútiles será adquirida por aquellos que sepan valorar su tiempo y su energía."

-Seneca

En este capítulo, nos sumergiremos en el arte del ahorro y exploraremos estrategias prácticas para gestionar nuestras finanzas de manera efectiva. El ahorro es fundamental para alcanzar la libertad financiera, ya que nos permite acumular recursos para invertir, enfrentar emergencias y alcanzar nuestras metas a largo plazo.

Importancia del Ahorro

El ahorro no se limita únicamente a reservar dinero; representa una práctica financiera de suma importancia que sienta las bases de un futuro económico sólido. Al optar por el ahorro, estamos cultivando una mentalidad de responsabilidad financiera y nos estamos preparando para afrontar cualquier desafío que pueda surgir en el camino.

Una de las razones fundamentales por las cuales el ahorro adquiere una relevancia tan destacada radica en su capacidad para otorgarnos seguridad financiera. La existencia de un fondo de emergencia nos proporciona la capacidad de hacer frente a gastos imprevistos, como reparaciones en el hogar, gastos médicos inesperados o incluso la eventualidad de perder el empleo, sin necesidad de incurrir en deudas onerosas. Esto, a su vez, reduce nuestra vulnerabilidad financiera y nos otorga un sentido de calma y estabilidad frente a los avatares económicos.

Además, el hábito de ahorrar nos confiere la libertad de perseguir nuestras metas y aspiraciones. Ya sea la adquisición de una vivienda, la posibilidad de viajar por el mundo o incluso la planificación de una jubilación anticipada, el ahorro nos proporciona los recursos necesarios para transformar nuestros sueños en realidades tangibles. Carecer de un plan de ahorro sólido puede mantener nuestras aspiraciones fuera de nuestro alcance, limitando así nuestro potencial de crecimiento y realización personal.

Estrategias para Ahorrar de Forma Efectiva

1.- Establecer Objetivos de Ahorro:

El primer paso fundamental hacia una práctica de ahorro efectiva radica en la definición de objetivos claros y alcanzables. Establecer metas concretas, ya sea la creación de un fondo de emergencia para hacer frente a imprevistos financieros, la liquidación de deudas pendientes, la acumulación de capital para la jubilación o la financiación de una compra significativa, proporciona un marco de referencia sólido que nos orienta en nuestro camino hacia la estabilidad financiera.

Al tener objetivos específicos y medibles, podemos trazar un plan de acción detallado que nos permita seguir un curso de acción definido. Esta claridad en nuestros propósitos nos ayuda a mantenernos motivados y enfocados en nuestras actividades de ahorro. Además, la sensación de progreso y logro que experimentamos al alcanzar hitos intermedios nos impulsa a perseverar en nuestro esfuerzo y a mantenernos comprometidos con nuestros objetivos financieros a largo plazo.

2.-Presupuestar:

Como se estableció en el primer capítulo, el presupuesto es una herramienta fundamental para gestionar nuestras finanzas y maximizar nuestro potencial de ahorro. Al crear un presupuesto mensual, podemos identificar áreas donde podemos reducir gastos y destinar más dinero al ahorro. Es importante revisar regularmente nuestro presupuesto y hacer ajustes según sea necesario.

3.-Automatizar el Ahorro:

Automatizar el ahorro es una estrategia financiera inteligente que implica establecer un sistema automático para apartar una porción de nuestros ingresos en una cuenta de ahorros o inversión de manera regular y consistente. Esta práctica elimina la necesidad de recordar manualmente hacer depósitos periódicos y ayuda a garantizar que el ahorro se convierta en una prioridad financiera constante.

El proceso de automatización del ahorro es relativamente sencillo y puede adaptarse a las preferencias y circunstancias individuales. En primer lugar, es crucial identificar la cantidad de dinero que deseamos ahorrar regularmente. Esta cifra puede variar según los objetivos financieros personales.

Una vez determinado el monto a ahorrar, el siguiente paso es configurar la automatización a través de herramientas financieras disponibles en los bancos, aplicaciones móviles u otras plataformas de gestión financiera. Estas herramientas permiten programar transferencias automáticas desde la cuenta principal hacia la cuenta de ahorros o inversión en intervalos regulares, como semanal, quincenal o mensualmente, según la preferencia del usuario.

Es importante elegir una frecuencia de depósito que se ajuste al flujo de efectivo personal y que no comprometa otras obligaciones financieras. Además, es recomendable revisar periódicamente el progreso del ahorro y ajustar la cantidad automatizada si es necesario, especialmente en caso de cambios en los ingresos o gastos.

Automatizar el ahorro no solo simplifica el proceso de gestión financiera, sino que también fomenta la disciplina y la consistencia en el hábito de ahorrar. Al eliminar la necesidad de tomar decisiones manuales recurrentes sobre el ahorro, se reduce la tentación de desviarse del plan establecido y se fortalece el compromiso con los objetivos financieros a largo plazo.

4.-Eliminar Deudas de Alto Interés:

Priorizar el pago de las deudas con intereses altos es una estrategia financiera clave para reducir el costo total de endeudamiento y liberarse más rápido de las obligaciones financieras. Aquí hay una estrategia paso a paso para abordar eficazmente este tipo de deudas:

El primer paso es hacer un inventario detallado de todas las deudas pendientes, incluyendo el saldo actual, la tasa de interés y el pago mínimo requerido para cada una. Esto proporciona una visión clara de la situación financiera y ayuda a identificar las deudas con los intereses más altos.

En base a la evaluación, identifica las deudas con las tasas de interés más elevadas. Estas son las que te están costando más dinero en intereses y, por lo tanto, deben ser una prioridad para pagarlas.

Desarrolla un plan de pago que asigna recursos adicionales al pago de las deudas con intereses altos mientras se continúa haciendo los pagos mínimos en las otras deudas. Destina tanto dinero como sea posible para pagar la deuda prioritaria, sin descuidar los pagos mínimos de las demás para evitar cargos por pagos tardíos.

Si tienes varias deudas con altas tasas de interés, considera la posibilidad de consolidarlas mediante un préstamo con una tasa de interés más baja. Esto puede simplificar el proceso de pago y reducir los costos totales de interés, aunque es importante asegurarse de que la nueva tasa sea realmente más baja y que los términos del nuevo préstamo sean favorables.

Destina cualquier ingreso adicional, como bonificaciones, reembolsos de impuestos o ingresos adicionales, al pago de la deuda prioritaria. Cuanto más rápido puedas reducir el saldo de la deuda con intereses altos, menos intereses acumularás a largo plazo.

Una vez que hayas liquidado la primera deuda con intereses altos, aplica la misma estrategia a la siguiente deuda en la lista, y así sucesivamente, hasta que todas las deudas estén pagadas.

Al priorizar el pago de las deudas con intereses altos, no solo reducirás el costo total de endeudamiento, sino que también te acercarás más rápido a la libertad financiera y a la reducción del estrés asociado con la deuda.

5.-Buscar Descuentos y Ofertas:

Aprovechar descuentos, cupones y ofertas especiales nos permite ahorrar dinero en nuestras compras diarias. Desde alimentos hasta ropa y entretenimiento, buscar formas de reducir los gastos nos ayuda a maximizar nuestro potencial de ahorro sin sacrificar nuestra calidad de vida.

6.-Practicar el Consumo Consciente:

Practicar el consumo consciente implica tomar decisiones financieras reflexivas y responsables que no solo benefician tu situación económica personal, sino también el medio ambiente y la sociedad en general. Aquí hay una estrategia específica para lograrlo:

Presupuesto basado en valores: En lugar de simplemente presupuestar según tus ingresos y gastos actuales, adopta un enfoque basado en valores al establecer tus metas financieras. Reflexiona sobre lo que realmente valoras en la vida: puede ser seguridad financiera, libertad para viajar, apoyo a causas sociales, etc. Luego, ajusta tu presupuesto para alinear tus gastos con estos valores. Esto te ayudará a priorizar tus gastos y a eliminar aquellos que no contribuyan a tus objetivos más importantes.

Separar necesidades de deseos: Al hacer compras, distingue claramente entre lo que necesitas y lo que simplemente deseas. Las necesidades son elementos esenciales para tu bienestar y supervivencia, como alimentos, vivienda y atención médica, mientras que los deseos son cosas que te gustaría tener pero que no son absolutamente necesarias. Al centrarte en satisfacer primero tus necesidades y ser más selectivo con tus deseos, puedes reducir el gasto superfluo y ahorrar más dinero.

Practicar el minimalismo financiero: Adopta un enfoque minimalista hacia tus finanzas, reduciendo los gastos innecesarios y simplificando tu estilo de vida. Esto implica deshacerte de deudas superfluas, cancelar suscripciones o membresías que ya no utilizas y evitar gastos impulsivos. Al vivir de manera más sencilla y consciente, tendrás más recursos para ahorrar y alcanzar tus objetivos financieros a largo plazo.

Invertir en calidad y durabilidad: Cuando sea posible, elige productos de alta calidad y duraderos en lugar de opciones más baratas pero menos duraderas. Aunque esto puede implicar un gasto inicial más alto, a largo plazo te ahorrará dinero al reducir la necesidad de reemplazar los artículos con frecuencia. Además, la inversión en productos duraderos también es más sostenible desde una perspectiva ambiental, ya que reduce la cantidad de residuos generados.

7.-Desafíos y Recompensas del Ahorro

Si bien el ahorro puede ser gratificante, también puede presentar desafíos. Mantener la disciplina y la motivación a lo largo del tiempo puede resultar difícil, especialmente cuando enfrentamos tentaciones y presiones para gastar. Sin embargo, superar estos desafíos nos permite cosechar las recompensas del ahorro a largo plazo.

Una de las recompensas más gratificantes del ahorro es la libertad financiera que proporciona. Al acumular un fondo de emergencia, pagar deudas y construir un patrimonio, ganamos control sobre nuestras finanzas y nos liberamos de la carga del estrés financiero. Esto nos brinda la libertad de tomar decisiones basadas en nuestros valores y aspiraciones, en lugar de estar limitados por preocupaciones monetarias.

Además, el ahorro nos permite alcanzar nuestras metas y sueños a largo plazo. Ya sea comprar una casa, financiar la educación de nuestros hijos o retirarnos temprano, el ahorro nos brinda los recursos necesarios para hacer realidad nuestras aspiraciones.

Cada dólar que ahorrarnos nos acerca un poco más a nuestras metas financieras y nos brinda una sensación de logro y satisfacción.

Sin embargo, el camino hacia el ahorro puede estar plagado de obstáculos. La tentación de gastar en compras impulsivas, la presión social para mantener un cierto estilo de vida y los imprevistos financieros pueden poner a prueba nuestra determinación y compromiso con el ahorro. Es importante reconocer estos desafíos y desarrollar estrategias para superarlos, como establecer límites de gastos, practicar la gratitud por lo que tenemos y mantenernos enfocados en nuestras metas a largo plazo.

El arte del ahorro es fundamental para alcanzar la libertad financiera y construir un futuro sólido. Al adoptar estrategias prácticas como establecer objetivos claros, presupuestar, automatizar el ahorro y practicar el consumo consciente, podemos maximizar nuestro potencial de ahorro y avanzar hacia nuestras metas financieras.

Si bien el camino hacia el ahorro puede presentar desafíos, las recompensas son abundantes. Desde la seguridad financiera hasta la libertad de perseguir nuestros sueños, el ahorro nos brinda la base sólida que necesitamos para construir una vida próspera y satisfactoria.

Recuerda que el ahorro es una práctica continua y que cada pequeño paso que demos nos acercará un poco más a nuestras metas financieras. Mantén tu visión clara, tu determinación firme y tu compromiso con el ahorro, y estarás en camino hacia el éxito financiero y la realización personal.

SEGUNDA PARTE

Construyendo tu fortuna

CAPÍTULO IV
Los fundamentos de la inversión: Principios Básicos para Invertir con Éxito

"La inversión en conocimiento siempre paga el mejor interés."

- Benjamin Franklin

Bienvenido al fascinante mundo de la inversión, donde cada decisión financiera puede marcar la diferencia en tu futuro financiero. En este capítulo, exploraremos los principios básicos que sustentan el arte de invertir con éxito, desde la comprensión de la importancia de invertir hasta las estrategias fundamentales que te ayudarán a alcanzar tus metas financieras.

La definición de inversión es fundamental en el ámbito financiero, ya que establece las bases para comprender la función y el propósito de invertir. En su esencia, la inversión se refiere al acto de destinar recursos financieros a activos con la expectativa de generar un retorno positivo en el futuro. Estos activos pueden incluir acciones, bonos, bienes raíces, fondos mutuos, entre otros.

La inversión es un componente crucial para el crecimiento financiero a largo plazo por varias razones. En primer lugar, permite que los individuos, empresas e instituciones aumenten su riqueza y acumulen activos a lo largo del tiempo. Al invertir sus recursos en activos que generan rendimientos, las personas pueden incrementar su patrimonio neto y mejorar su posición financiera.

Además, la inversión ofrece la oportunidad de proteger el valor del dinero contra la inflación. En un entorno económico en el que los precios tienden a aumentar con el tiempo, mantener el dinero en efectivo puede llevar a una pérdida de poder adquisitivo. Sin embargo, al invertir en activos que superan la tasa de inflación, se puede preservar y, en muchos casos, aumentar el valor real de los fondos invertidos.

Otro aspecto crucial de la inversión es su capacidad para generar ingresos pasivos y crecimiento a largo plazo. Al invertir en activos que pagan dividendos, intereses o rentas, los inversores pueden obtener un flujo constante de ingresos sin la necesidad de trabajar activamente. Además, con el tiempo, los rendimientos compuestos pueden multiplicar el valor de la inversión inicial, lo que lleva a un crecimiento exponencial del capital invertido.

La inversión es un elemento fundamental para el crecimiento financiero a largo plazo debido a su capacidad para aumentar la riqueza, proteger contra la inflación, generar ingresos pasivos, diversificar el riesgo y fomentar el desarrollo económico. Al comprender la definición y la importancia de la inversión, los individuos pueden tomar decisiones financieras más informadas y construir un futuro financiero sólido y próspero.

Objetivos financieros

Antes de comenzar a invertir, es crucial definir tus objetivos financieros. Los objetivos financieros son metas específicas y alcanzables que una persona establece para su futuro financiero. Estos objetivos pueden abarcar una variedad de áreas, desde la jubilación hasta la compra de una casa, un automóvil o simplemente la eliminación de preocupaciones sobre limitaciones monetarias. Es crucial para cualquier individuo o familia tener objetivos financieros claros antes de comenzar a invertir, ya que proporcionan dirección y propósito a las decisiones financieras. Al establecer objetivos financieros claros, los inversores pueden diseñar estrategias efectivas y tomar medidas concretas para lograr el éxito financiero a largo plazo.

Uno de los objetivos financieros más comunes es la jubilación. Este objetivo implica acumular suficientes activos y ahorros durante la vida laboral para mantener un nivel deseado de ingresos después de dejar de trabajar. Los libros de finanzas resaltan la importancia de establecer un plan de ahorro para la jubilación desde temprana edad, aprovechando el poder del interés compuesto y las inversiones a largo plazo. Además, es fundamental calcular cuánto se necesitará para mantener el estilo de vida deseado durante la jubilación y desarrollar estrategias para alcanzar esa meta.

Otro objetivo financiero común es la compra de una casa. Comprar una vivienda es una meta importante para muchas personas, ya que proporciona estabilidad, seguridad y la oportunidad de construir patrimonio a largo plazo. Los libros de finanzas destacan la importancia de ahorrar para el pago inicial, así como comprender los costos asociados con la propiedad de una vivienda, como impuestos, seguros y mantenimiento. Establecer un presupuesto realista y trabajar para mejorar el crédito también son pasos clave en la preparación para comprar una casa.

La compra de un automóvil es otro objetivo financiero que muchas personas tienen en mente. Los libros de finanzas aconsejan evaluar las necesidades y preferencias individuales al elegir un automóvil y establecer un presupuesto adecuado para la compra. Además, es importante considerar las opciones de financiamiento y determinar si es más conveniente comprar un automóvil nuevo o usado. La planificación anticipada y la investigación exhaustiva pueden ayudar a garantizar una compra de automóvil inteligente y asequible.

Además de los objetivos específicos como la jubilación, la compra de una casa o un automóvil, muchas personas también buscan la libertad financiera en general. Este objetivo implica alcanzar un nivel de independencia económica en el que uno no tenga que preocuparse por limitaciones financieras y pueda vivir la vida de acuerdo con sus propios términos. Los libros de finanzas suelen recomendar establecer un fondo de emergencia, reducir las deudas y crear múltiples fuentes de ingresos como parte de una estrategia para lograr la libertad financiera.

Al establecer objetivos financieros claros, los lectores pueden trazar un camino hacia el éxito financiero y la realización personal. Estos objetivos actúan como guía y motivación para tomar decisiones financieras prudentes y mantener el rumbo en medio de desafíos y obstáculos. Al desarrollar un plan financiero sólido y centrarse en objetivos específicos, los individuos pueden aumentar su probabilidad de alcanzar la estabilidad financiera y disfrutar de una vida cómoda y segura.

Riesgo y Rendimiento

La relación entre el riesgo y el rendimiento es un principio fundamental en el mundo de las finanzas que los inversores deben comprender para tomar decisiones informadas. En términos generales, existe una relación directa entre el riesgo y el rendimiento: a medida que aumenta el riesgo de una inversión, se espera que el rendimiento potencial también aumente, y viceversa. Este principio refleja la compensación que los inversores esperan recibir por asumir un mayor riesgo.

El riesgo se refiere a la incertidumbre asociada con una inversión y la posibilidad de que los rendimientos reales difieran de los esperados. Hay varios tipos de riesgo que los inversores deben considerar, incluido el riesgo de mercado, el riesgo crediticio, el riesgo de tasa de interés, el riesgo de liquidez y el riesgo político, entre otros. Cada tipo de riesgo tiene el potencial de afectar el desempeño de una inversión de manera diferente y, por lo tanto, es importante evaluar y comprender estos riesgos antes de tomar decisiones de inversión.

Por otro lado, el rendimiento se refiere a la ganancia o pérdida financiera que una inversión genera durante un período de tiempo específico. Puede expresarse como un rendimiento absoluto, como una cantidad de dinero en términos nominales, o como un rendimiento relativo, como un porcentaje en relación con la inversión inicial. Los inversores buscan maximizar su rendimiento mientras minimizan su riesgo, pero encontrar el equilibrio adecuado entre ambos puede ser un desafío.

Para equilibrar el riesgo y el rendimiento de acuerdo con su tolerancia al riesgo y sus objetivos, los inversores pueden emplear diversas estrategias. Una de estas estrategias es la diversificación, que implica la distribución de los fondos de inversión en una variedad de activos para reducir el riesgo total de la cartera. Al invertir en una amplia gama de activos, los inversores pueden mitigar el impacto negativo de eventos adversos en un activo específico y proteger su cartera contra pérdidas significativas.

Otra estrategia es la asignación de activos, que implica la distribución de los fondos de inversión entre diferentes clases de activos, como acciones, bonos, bienes raíces y efectivo, en proporciones que se alineen con los objetivos de inversión y la tolerancia al riesgo del inversor. Una asignación de activos adecuada puede ayudar a equilibrar el riesgo y el rendimiento al proporcionar exposición a diferentes fuentes de riesgo y retorno.

Además, los inversores pueden optar por utilizar instrumentos financieros específicos, como opciones y futuros, para gestionar y limitar el riesgo en su cartera. Estos instrumentos pueden proporcionar cobertura contra movimientos adversos del mercado y ayudar a proteger los rendimientos obtenidos en otros activos.

En resumen, la relación entre el riesgo y el rendimiento es fundamental en la toma de decisiones de inversión. Los inversores deben comprender esta relación y buscar un equilibrio adecuado entre ambos según su tolerancia al riesgo y sus objetivos financieros. Mediante la diversificación, la asignación de activos y el uso de instrumentos financieros adecuados, los inversores pueden gestionar eficazmente el riesgo y buscar rendimientos atractivos a largo plazo.

Horizonte temporal:

El horizonte temporal en la toma de decisiones de inversión es un aspecto fundamental que los inversores deben considerar cuidadosamente al planificar sus estrategias financieras. Este concepto se refiere al período de tiempo durante el cual un inversor planea mantener una inversión antes de liquidarla. La importancia del horizonte temporal radica en su influencia significativa en la selección de activos, la tolerancia al riesgo y la capacidad para alcanzar los objetivos financieros a largo plazo.

La primera consideración clave relacionada con el horizonte temporal es la selección de activos. Diferentes clases de activos tienen diferentes perfiles de riesgo y rendimiento a lo largo del tiempo. Por ejemplo, las acciones tienden a ser más volátiles a corto plazo pero pueden generar rendimientos sólidos a largo plazo, mientras que los bonos ofrecen estabilidad y flujo de efectivo regular, pero su potencial de crecimiento puede ser limitado. Al comprender su horizonte temporal, los inversores pueden seleccionar activos que se alineen mejor con sus necesidades y objetivos financieros a largo plazo.

Otro aspecto importante es la tolerancia al riesgo. El horizonte temporal puede influir en la capacidad de un inversor para tolerar la volatilidad del mercado y asumir riesgos. Los inversores con un horizonte temporal más largo pueden tener una mayor capacidad para soportar la volatilidad a corto plazo y pueden estar dispuestos a invertir en activos más arriesgados con el potencial de obtener mayores rendimientos a largo plazo. Por el contrario, los inversores con un horizonte temporal más corto pueden preferir activos menos volátiles para proteger su capital y garantizar la liquidez cuando sea necesario.

Además, el horizonte temporal puede afectar las estrategias de inversión en términos de planificación financiera y gestión de riesgos. Para los inversores a largo plazo, es fundamental desarrollar una estrategia de inversión sólida y resistente que tenga en cuenta los ciclos económicos y las fluctuaciones del mercado a lo largo del tiempo. Esto puede implicar la diversificación de la cartera, la inversión en activos de crecimiento a largo plazo y la adopción de un enfoque disciplinado para la inversión a través de períodos de alta y baja del mercado.

Por otro lado, los inversores con un horizonte temporal más corto pueden optar por estrategias más conservadoras que minimicen el riesgo y proporcionen liquidez inmediata cuando sea necesario. Esto puede implicar la inversión en activos de menor riesgo, como bonos del gobierno o fondos del mercado monetario, y la adopción de un enfoque más activo para monitorear y ajustar la cartera según las condiciones del mercado.

En resumen, el horizonte temporal desempeña un papel crucial en la toma de decisiones de inversión y puede influir en la selección de activos, la tolerancia al riesgo y las estrategias de inversión. Al comprender su horizonte temporal y sus objetivos financieros a largo plazo, los inversores pueden desarrollar estrategias de inversión sólidas y adaptadas a sus necesidades individuales, lo que les permite alcanzar sus metas financieras y maximizar su patrimonio a lo largo del tiempo.

Costos y comisiones:

Los costos y comisiones son elementos críticos que los inversores deben considerar al planificar sus estrategias de inversión. Estos gastos pueden tener un impacto significativo en los rendimientos netos de una cartera y, por lo tanto, es importante comprenderlos completamente antes de realizar inversiones. Los principales tipos de costos asociados con la inversión incluyen comisiones de corretaje, gastos de gestión y cargos por transacción, cada uno de los cuales puede afectar los rendimientos de manera diferente.

Las comisiones de corretaje son tarifas que los inversores pagan a los corredores por ejecutar operaciones en su nombre. Estas comisiones pueden variar según el tipo de activo negociado, el tamaño de la transacción y el corredor específico utilizado. Las comisiones de corretaje pueden ser fijas, basadas en un porcentaje del valor de la transacción o una combinación de ambos. Es importante tener en cuenta que estas comisiones pueden acumularse rápidamente, especialmente para aquellos que realizan operaciones frecuentes o invierten grandes sumas de dinero.

Los gastos de gestión son otro tipo de costo que los inversores pueden encontrar al invertir en fondos mutuos, fondos cotizados en bolsa (ETF) u otros vehículos de inversión gestionados profesionalmente. Estos gastos cubren los costos de administración del fondo, incluidos los honorarios del administrador del fondo, los costos operativos y los gastos de marketing. Los gastos de gestión se expresan típicamente como un porcentaje del total de activos bajo gestión (AUM) y pueden variar ampliamente entre los fondos. Si bien los fondos con gastos de gestión más bajos pueden parecer atractivos, es importante evaluar la calidad del fondo y su historial de rendimiento en relación con los costos asociados.

Los cargos por transacción son tarifas adicionales que los inversores pueden enfrentar al realizar ciertas operaciones, como comprar o vender acciones, bonos u otros activos. Estos cargos pueden incluir tarifas de transacción, cargos por cambio de moneda, comisiones de salida anticipada y otros costos asociados con la ejecución de una operación específica. Si bien estos cargos pueden parecer insignificantes individualmente, pueden sumarse y afectar significativamente los rendimientos netos de una inversión, especialmente para aquellos que realizan operaciones frecuentes o de gran volumen.

Es importante tener en cuenta que los costos y comisiones pueden variar según el tipo de inversión, el corredor o la institución financiera utilizada y el tamaño de la transacción. Por lo tanto, es crucial leer detenidamente la documentación relacionada con cualquier inversión y comprender completamente los costos asociados antes de comprometer fondos. Además, es fundamental comparar los costos y comisiones entre diferentes opciones de inversión para garantizar que se seleccionen las más rentables y eficientes.

Los costos y comisiones pueden tener un impacto significativo en los rendimientos netos de una inversión y, por lo tanto, deben ser considerados cuidadosamente al desarrollar una estrategia de inversión. Al comprender y minimizar estos costos, los inversores pueden mejorar sus posibilidades de obtener rendimientos sólidos y alcanzar sus objetivos financieros a largo plazo. Además, es importante monitorear regularmente los costos y comisiones asociados con una cartera de inversión y ajustar según sea necesario para garantizar que sigan siendo rentables y eficientes en términos de costos.

Planificación fiscal:

La planificación fiscal es un aspecto fundamental de la inversión que los inversores deben considerar para maximizar sus rendimientos y minimizar su carga impositiva. Esta práctica implica comprender y aprovechar las implicaciones fiscales de las inversiones y emplear estrategias inteligentes para optimizar la situación fiscal. Al tomar decisiones de inversión informadas y planificadas, los inversores pueden reducir su factura fiscal y mejorar sus resultados financieros a largo plazo.

Una de las principales consideraciones en la planificación fiscal es el tratamiento fiscal de diferentes tipos de inversiones. Por ejemplo, los ingresos por intereses de bonos corporativos suelen estar sujetos a impuestos como ingresos ordinarios, mientras que los dividendos de acciones pueden recibir un tratamiento fiscal preferencial, con tasas impositivas más bajas para ciertos tipos de dividendos calificados. Del mismo modo, las ganancias de capital generadas por la venta de activos, como acciones o bienes raíces, pueden estar sujetas a diferentes tasas impositivas según el período de tenencia de los activos.

Para optimizar la situación fiscal, los inversores pueden utilizar estrategias como la ubicación de activos, que consiste en asignar diferentes tipos de inversiones a cuentas con ventajas fiscales específicas. Por ejemplo, las inversiones sujetas a impuestos, como bonos corporativos con altos rendimientos, pueden ubicarse en cuentas de jubilación, donde los ingresos y las ganancias de capital pueden acumularse de manera diferida o incluso exentos de impuestos, dependiendo del tipo de cuenta. Por otro lado, las inversiones con ventajas fiscales, como acciones que pagan dividendos calificados, pueden ubicarse en cuentas imponibles para aprovechar las tasas impositivas preferenciales.

Además de la ubicación de activos, los inversores también pueden utilizar estrategias de diferimiento de impuestos, como las cuentas de jubilación individuales (IRA) o los planes 401(k) patrocinados por el empleador, para posponer el pago de impuestos sobre los ingresos y las ganancias de capital hasta la jubilación. Estas cuentas ofrecen beneficios fiscales significativos, como deducciones fiscales para contribuciones, crecimiento libre de impuestos y posiblemente tasas impositivas más bajas en la jubilación.

Otra estrategia común de planificación fiscal es la pérdida de cosecha, que implica vender inversiones con pérdidas para compensar las ganancias de inversiones realizadas anteriormente. Al realizar esta acción antes del cierre del año fiscal, los inversores pueden reducir su factura fiscal al aprovechar las pérdidas para compensar las ganancias y, potencialmente, incluso deducir hasta $3,000 en pérdidas netas contra otros ingresos ordinarios.

Es importante destacar que la planificación fiscal debe ser parte integral de la estrategia general de inversión de un individuo y adaptarse a su situación financiera única y objetivos específicos. Además, es fundamental mantenerse actualizado sobre las leyes fiscales y consultar con un profesional de impuestos o un asesor financiero calificado para obtener orientación personalizada sobre estrategias fiscales adecuadas.

En resumen, la planificación fiscal es una parte esencial de la estrategia de inversión de cualquier individuo y puede tener un impacto significativo en los resultados financieros a largo plazo. Al comprender las implicaciones fiscales de las inversiones y emplear estrategias inteligentes, los inversores pueden optimizar su situación fiscal y maximizar sus rendimientos netos.

Monitoreo y ajuste:

El monitoreo regular de la cartera de inversión es una práctica fundamental para garantizar que los inversores permanezcan en camino hacia sus objetivos financieros y puedan realizar ajustes según sea necesario. Al mantenerse informados sobre el rendimiento de sus inversiones y realizar evaluaciones periódicas, los inversores pueden identificar oportunidades para optimizar su cartera y mitigar riesgos potenciales. A continuación, se presentan algunos consejos sobre cómo llevar a cabo este proceso de monitoreo de manera efectiva:

1. Establecer una frecuencia de revisión: Es importante establecer una frecuencia regular para revisar la cartera de inversiones, ya sea mensual, trimestral o anualmente. Esta revisión periódica permite a los inversores mantenerse al tanto de los cambios en el mercado y evaluar el rendimiento de sus inversiones en relación con sus objetivos financieros.

2. Evaluar el rendimiento: Durante cada revisión de la cartera, es crucial evaluar el rendimiento de cada activo en comparación con su benchmark o referencia relevante. Esto proporciona información valiosa sobre qué inversiones están funcionando bien y cuáles pueden necesitar ajustes.

3. Revisar la asignación de activos: La asignación de activos es un aspecto fundamental de la gestión de la cartera, ya que determina cómo se distribuyen los fondos entre diferentes clases de activos, como acciones, bonos, bienes

raíces y efectivo. Es importante revisar regularmente esta asignación para garantizar que esté alineada con los objetivos de inversión y la tolerancia al riesgo del inversor.

4. Considerar cambios en las circunstancias personales: Las circunstancias personales de un inversor pueden cambiar con el tiempo, lo que puede requerir ajustes en la estrategia de inversión. Por ejemplo, cambios en el horizonte temporal, la tolerancia al riesgo, los objetivos financieros o la situación financiera pueden requerir modificaciones en la cartera para adaptarse a estas nuevas realidades.

5. Diversificar la cartera: La diversificación es una estrategia clave para mitigar el riesgo y maximizar el potencial de rendimiento de la cartera. Durante el monitoreo de la cartera, los inversores deben asegurarse de que su cartera esté adecuadamente diversificada entre diferentes clases de activos, sectores industriales y regiones geográficas.

6. Reequilibrar la cartera: Con el tiempo, las fluctuaciones en el mercado pueden provocar desviaciones en la asignación de activos de la cartera inicialmente establecida. Es importante reequilibrar la cartera periódicamente para volver a alinearla con los objetivos de inversión originales y mantener la diversificación deseada.

7. Mantenerse informado sobre eventos del mercado: Los eventos del mercado pueden tener un impacto significativo en el rendimiento de la cartera de inversiones. Los inversores deben mantenerse informados sobre noticias económicas,

desarrollos políticos, cambios regulatorios y otros eventos relevantes que puedan influir en sus inversiones.

8. Utilizar herramientas de seguimiento y análisis: Existen numerosas herramientas y plataformas disponibles para ayudar a los inversores a realizar un seguimiento y análisis detallados de su cartera. Estas herramientas pueden proporcionar información valiosa sobre el rendimiento de la cartera, la asignación de activos, la diversificación y otros aspectos importantes de la gestión de inversiones.

9. Consultar con un asesor financiero: Para los inversores que prefieren un enfoque más práctico, trabajar con un asesor financiero puede ser una opción beneficiosa. Un asesor financiero puede ofrecer orientación personalizada sobre la gestión de la cartera y ayudar a los inversores a tomar decisiones informadas sobre cómo ajustar su cartera según sea necesario.

En resumen, el monitoreo regular de la cartera de inversiones es esencial para garantizar que los inversores permanezcan en camino hacia sus objetivos financieros. Al seguir estos consejos y mantenerse informados sobre el rendimiento del mercado y los eventos relevantes, los inversores pueden tomar decisiones informadas y realizar ajustes según sea necesario para mantener una cartera sólida y bien equilibrada.

Educación Continua:

La inversión es un campo complejo y en constante evolución, por lo que es importante estar siempre en busca de oportunidades para mejorar tu conocimiento y habilidades. Dedica tiempo a leer libros, asistir a seminarios, participar en cursos en línea y consultar con asesores financieros para aumentar tu comprensión de los mercados financieros y las estrategias de inversión. Cuanto más aprendas sobre inversión, mejor equipado estarás para tomar decisiones financieras informadas y alcanzar tus objetivos financieros.

En resumen, invertir con éxito requiere una comprensión sólida de los principios básicos de inversión, una estrategia clara y bien definida, una gestión prudente del riesgo y un compromiso continuo con la educación y la mejora personal. Al aplicar estos principios y seguir una disciplina de inversión sólida, estarás bien encaminado para alcanzar tus metas financieras y construir un futuro financiero sólido y seguro.

CAPÍTULO V
Diversificación y Gestión del Riesgo: Protegiendo tu Patrimonio

"La diversificación es una protección contra la ignorancia. Es hacer muchas cosas en lugar de apostar por una."

- Mark Cuban

En este capítulo, exploraremos la importancia de la diversificación y la gestión del riesgo en el contexto de la inversión y la protección del patrimonio. Estas son dos estrategias fundamentales que pueden ayudarte a mitigar el riesgo y maximizar tus posibilidades de éxito financiero a largo plazo. Al comprender y aplicar estos conceptos, podrás proteger tu patrimonio de manera efectiva y construir una cartera de inversiones sólida y diversificada.

La diversificación es una de las estrategias fundamentales en la gestión de una cartera de inversiones. Consiste en distribuir tus inversiones entre diferentes clases de activos, sectores industriales y geografías para reducir la exposición a riesgos específicos. Esta estrategia se basa en el principio de que los diferentes activos tienen correlaciones variables, lo que significa que pueden comportarse de manera diferente en diferentes condiciones del mercado.

El objetivo principal de la diversificación es minimizar el impacto negativo de eventos adversos que puedan afectar a un sector o mercado en particular. Por ejemplo, si tienes una gran parte de tu cartera invertida en acciones de una sola empresa o en un sector específico y ese sector enfrenta dificultades, tu cartera podría sufrir pérdidas significativas. Sin embargo, al diversificar tu cartera entre diferentes clases de activos, como acciones, bonos, bienes raíces y productos básicos, puedes mitigar el riesgo de pérdidas catastróficas.

Además de reducir el riesgo, la diversificación también te permite aprovechar las oportunidades de crecimiento en diferentes áreas de la economía. Por ejemplo, si un sector específico está experimentando un crecimiento significativo, como la tecnología o la salud, tener una parte de tu cartera invertida en ese sector te permitirá beneficiarte de ese crecimiento. Al mismo tiempo, si otros sectores experimentan dificultades, tu cartera estará protegida en cierta medida debido a la diversificación.

Al diversificar tu cartera, puedes reducir la volatilidad y mejorar el rendimiento ajustado al riesgo a lo largo del tiempo. Esto significa que puedes obtener un rendimiento sólido sin asumir un nivel excesivo de riesgo. Sin embargo, es importante tener en cuenta que la diversificación no elimina por completo el riesgo de pérdida. Si bien puede reducir el impacto de eventos específicos en tu cartera, no puede protegerte contra todas las pérdidas posibles.

Para diversificar eficazmente tu cartera, es importante considerar una variedad de factores, como tu tolerancia al riesgo, horizonte temporal y objetivos financieros. También debes tener en cuenta la correlación entre los diferentes activos en tu cartera. Idealmente, querrás seleccionar activos que tengan correlaciones bajas o negativas entre sí, lo que significa que no se mueven en la misma dirección al mismo tiempo.

En resumen, la diversificación es una estrategia crucial para reducir el riesgo y mejorar el rendimiento de tu cartera de inversiones. Al distribuir tus inversiones entre diferentes clases de activos, sectores industriales y geografías, puedes proteger tu cartera contra eventos adversos y aprovechar las oportunidades de crecimiento en diferentes áreas de la economía. Sin embargo, es importante diversificar de manera inteligente y tener en cuenta tus objetivos financieros y tolerancia al riesgo al diseñar tu cartera.

Estrategias de Diversificación:

Existen varias formas de diversificar una cartera, y los inversores pueden emplear diferentes enfoques para lograr sus objetivos de diversificación. Uno de los métodos más comunes es diversificar por clase de activo, lo que implica asignar capital a una variedad de activos, como acciones, bonos, bienes raíces y materias primas. Cada clase de activo tiene características únicas que pueden comportarse de manera diferente en diferentes condiciones del mercado, lo que ayuda a reducir el riesgo general de la cartera.

Otro enfoque importante es la diversificación por sector industrial. Al invertir en múltiples sectores, como tecnología, salud, finanzas y consumo, los inversores pueden reducir la exposición a riesgos específicos de la industria y aprovechar las oportunidades de crecimiento en diferentes segmentos del mercado. Por ejemplo, si un sector enfrenta dificultades, es probable que otros sectores continúen prosperando, lo que ayuda a equilibrar el rendimiento general de la cartera.

Además de diversificar por clase y sector, los inversores también pueden diversificar por región geográfica. Invertir en mercados internacionales puede proporcionar acceso a oportunidades de crecimiento en economías emergentes y ayudar a reducir la correlación entre los activos en la cartera. Esto significa que los movimientos del mercado en una región pueden no tener un impacto significativo en otras regiones, lo que ayuda a suavizar la volatilidad de la cartera en su conjunto.

Otro enfoque importante es la diversificación por tipo de instrumento financiero. Esto implica invertir en una combinación de acciones individuales, fondos mutuos, ETFs (Exchange-Traded Funds) y otros instrumentos financieros para obtener una exposición equilibrada a diferentes clases de activos y estrategias de inversión. Al diversificar por tipo de instrumento, los inversores pueden mitigar el riesgo asociado con la volatilidad de los mercados individuales y maximizar el potencial de retorno de la cartera en su conjunto.

Es importante destacar que la diversificación no elimina por completo el riesgo de pérdida, pero puede ayudar a reducirlo. La clave para una diversificación efectiva es seleccionar activos que tengan correlaciones bajas o negativas entre sí, lo que significa que no se mueven en la misma dirección al mismo tiempo. Esto permite que la cartera se beneficie de la estabilidad de algunos activos mientras se protege contra las fluctuaciones adversas en otros.

Gestión del Riesgo:

Además de la diversificación, la gestión del riesgo desempeña un papel crucial en la protección del patrimonio y la minimización de las pérdidas en una cartera de inversiones. La gestión del riesgo implica un proceso sistemático de identificación, evaluación y mitigación de los riesgos asociados con las inversiones para proteger el capital y aumentar las posibilidades de éxito financiero a largo plazo. Al desarrollar un plan de gestión del riesgo sólido, los inversores pueden evitar decisiones impulsivas y tomar medidas proactivas para proteger su patrimonio de eventos adversos.

Uno de los aspectos fundamentales de la gestión del riesgo es la identificación de los riesgos potenciales asociados con cada inversión. Esto implica analizar detenidamente los factores internos y externos que podrían afectar el desempeño de los activos, como la volatilidad del mercado, los cambios regulatorios, los eventos geopolíticos y los riesgos específicos del sector. Al comprender y anticipar estos riesgos, los inversores pueden tomar decisiones informadas y prepararse para enfrentar desafíos potenciales en el futuro.

Una vez identificados los riesgos, el siguiente paso es evaluar su impacto potencial en la cartera y en los objetivos financieros del inversor. Esto implica determinar la probabilidad de que ocurran eventos adversos y estimar las posibles pérdidas asociadas. Al cuantificar los riesgos, los inversores pueden tener una idea más clara de la exposición de su cartera y tomar medidas para limitar las pérdidas en caso de que ocurran eventos desfavorables.

La mitigación del riesgo es otro aspecto crucial de la gestión del riesgo. Esto implica implementar estrategias y medidas para reducir la exposición al riesgo y proteger el capital de la cartera.

Existen varias técnicas de gestión del riesgo que puedes utilizar para proteger tu patrimonio y minimizar las pérdidas en tu cartera de inversiones. Una de las técnicas más comunes es establecer límites de pérdida, que son niveles predeterminados de pérdida que estás dispuesto a tolerar en tus inversiones antes de tomar medidas correctivas. Otra técnica es el uso de órdenes de stop-loss, que son órdenes automáticas para vender un activo si su precio cae por debajo de un cierto nivel. También puedes utilizar la diversificación y el apalancamiento para mitigar el riesgo y maximizar tus posibilidades de éxito financiero a largo plazo.

Una técnica distinta, llamada "técnica de cobertura" implica tomar posiciones opuestas en activos relacionados para reducir el riesgo total de la cartera. Por ejemplo, puedes comprar opciones de venta para proteger tus inversiones en acciones contra caídas en el mercado. Otra técnica avanzada es la optimización de la cartera, que implica utilizar modelos matemáticos y algoritmos para construir una cartera que maximice el rendimiento esperado dado un nivel de riesgo tolerado.

Es importante destacar que la gestión del riesgo no se trata simplemente de evitar riesgos, sino de gestionarlos de manera efectiva para maximizar las oportunidades de retorno. Esto significa que los inversores deben encontrar un equilibrio entre asumir riesgos y proteger su capital. Al tener en cuenta su tolerancia al riesgo y sus objetivos financieros, los inversores pueden desarrollar un enfoque de gestión del riesgo que se adapte a sus necesidades y les ayude a alcanzar sus metas a largo plazo.

En resumen, la gestión del riesgo es una herramienta fundamental para proteger el patrimonio y minimizar las pérdidas en una cartera de inversiones. Al identificar, evaluar y mitigar los riesgos asociados con las inversiones, los inversores pueden proteger su capital y aumentar sus posibilidades de éxito financiero a largo plazo. Al desarrollar un plan de gestión del riesgo sólido y proactivo, los inversores pueden tomar decisiones informadas y prepararse para enfrentar desafíos potenciales en el mercado.

Evaluación Continua del Riesgo:

La gestión del riesgo no es un proceso estático, sino dinámico que requiere una evaluación continua y ajustes según sea necesario. Es importante monitorear regularmente tus inversiones y evaluar el impacto de los cambios en el mercado en tu cartera. Si se identifican nuevos riesgos o se producen cambios significativos en las condiciones del mercado, es crucial ajustar tu estrategia de inversión y tomar medidas proactivas para proteger tu patrimonio.

Además de las estrategias básicas de diversificación, existen enfoques más avanzados que pueden ayudarte a construir una cartera aún más sólida y resistente a los riesgos. Una de estas estrategias es la diversificación por correlación, que implica seleccionar activos que tengan una correlación negativa o baja entre sí. Esto significa que los activos no se mueven en la misma dirección al mismo tiempo, lo que puede ayudar a reducir el riesgo total de la cartera. Otra estrategia avanzada es la diversificación por estilo de inversión, que implica combinar diferentes estilos de inversión, como el crecimiento, el valor y el momentum, para reducir el riesgo y mejorar el rendimiento ajustado al riesgo de la cartera.

En este capítulo, hemos explorado estrategias avanzadas de diversificación y técnicas de gestión del riesgo que puedes emplear para proteger tu patrimonio y maximizar tus retornos a largo plazo. Al comprender y aplicar estas estrategias, puedes construir una cartera de inversiones sólida y resistente a los riesgos que te ayude a alcanzar tus objetivos financieros de manera más efectiva. La diversificación y la gestión del riesgo son herramientas poderosas que pueden ayudarte a proteger tu patrimonio y minimizar las pérdidas en tu cartera, incluso en entornos de mercado volátiles y desafiantes.

CAPÍTULO VI
Estrategias Avanzadas de Inversión: Maximizando tu Potencial de Crecimiento

"La inversión exitosa es una disciplina más de comportamiento que de conocimiento, y la habilidad para ser paciente es el superpoder del inversor."

- Seth Klarman

En este capítulo, nos adentraremos en el fascinante mundo de las estrategias avanzadas de inversión, diseñadas para maximizar el potencial de crecimiento financiero de los inversores astutos y audaces.

Estas estrategias van más allá de las prácticas convencionales y requieren un entendimiento profundo del mercado, así como una mentalidad de largo plazo y un enfoque disciplinado. Al implementar estas estrategias con prudencia y diligencia, los inversores pueden mejorar significativamente sus rendimientos y avanzar hacia sus objetivos financieros con mayor eficacia.

Inversiones Alternativas: Explorando Oportunidades Fuera del Mercado de Valores

Las inversiones alternativas representan una estrategia avanzada dentro del ámbito de la inversión, que trasciende el mercado de valores convencional y explora oportunidades en diversos activos. Estas inversiones abarcan una amplia gama de opciones, desde bienes raíces hasta obras de arte, pasando por startups y fondos de cobertura. La premisa básica detrás de estas inversiones radica en diversificar.

Como mencionamos en el capítulo anterior, en el mundo de las inversiones, se ha reconocido ampliamente que la diversificación es una estrategia esencial para reducir el riesgo. Al invertir en una variedad de activos que no están correlacionados entre sí, es posible disminuir la vulnerabilidad de la cartera ante los movimientos bruscos en un solo mercado o sector. Esto se debe a que los diferentes activos tienden a reaccionar de manera diferente ante eventos económicos y financieros, lo que puede ayudar a compensar pérdidas en un área con ganancias en otra. En este sentido, las inversiones alternativas ofrecen una oportunidad para ampliar el alcance de la cartera más allá de las acciones y los bonos tradicionales, brindando así una mayor protección contra la volatilidad y los riesgos inherentes al mercado de valores.

Una de las clases de activos más comunes en el ámbito de las inversiones alternativas es el sector inmobiliario. La inversión en bienes raíces ofrece una serie de ventajas, como el potencial de ingresos regulares a través de alquileres y la apreciación del valor del activo con el tiempo. Los inversores pueden optar por adquirir propiedades residenciales, comerciales o industriales, así como participar en fondos de inversión inmobiliaria (REIT) que les permiten acceder a una cartera diversificada de propiedades gestionadas profesionalmente. Esta diversificación geográfica y sectorial puede proporcionar estabilidad a la cartera y reducir la exposición a los riesgos específicos de un mercado o una propiedad individual.

Otra opción dentro de las inversiones alternativas son las inversiones en obras de arte y objetos de colección. Estos activos tangibles pueden ofrecer un potencial de apreciación significativo a lo largo del tiempo, especialmente si se trata de obras de artistas reconocidos o piezas históricamente importantes. Sin embargo, invertir en arte y colecciones también conlleva ciertos riesgos, como la necesidad de mantener y proteger adecuadamente los activos, así como la volatilidad inherente al mercado del arte. Los inversores interesados en esta área deben tener en cuenta factores como la autenticidad, la procedencia y la demanda del mercado al seleccionar obras de arte para su cartera de inversiones.

Las inversiones en startups y empresas emergentes también son una opción popular dentro del ámbito de las inversiones alternativas. Participar en rondas de financiación temprana de nuevas empresas puede ofrecer la oportunidad de obtener ganancias significativas en caso de un exitoso crecimiento y posterior salida al mercado, como una adquisición o una oferta pública inicial (OPI). Sin embargo, estas inversiones también conllevan un alto nivel de riesgo, ya que muchas startups fracasan y no logran alcanzar el éxito esperado. Es fundamental realizar una diligencia debida exhaustiva y diversificar adecuadamente las inversiones en este espacio para mitigar los riesgos asociados.

Por último, los fondos de cobertura son otra forma de inversión alternativa que a menudo se utiliza para diversificar una cartera. Estos fondos, gestionados por gestores de fondos altamente calificados, emplean una variedad de estrategias de inversión para generar rendimientos, incluyendo el arbitraje, el trading de derivados y la inversión en activos no correlacionados. Si bien los fondos de cobertura pueden ofrecer la oportunidad de obtener rendimientos atractivos, también pueden ser complejos y opacos, y pueden estar sujetos a altas tarifas de gestión y rendimiento.

En resumen, las inversiones alternativas ofrecen una forma de diversificar una cartera más allá de las acciones y los bonos tradicionales, brindando así una protección adicional contra la volatilidad y los riesgos del mercado de valores. Desde el sector inmobiliario hasta el arte, pasando por las startups y los fondos de cobertura, existe una amplia gama de opciones disponibles para los inversores que buscan explorar oportunidades fuera del mercado de valores convencional. Sin embargo, es importante tener en cuenta que estas inversiones también pueden conllevar riesgos adicionales y requerir una diligencia debida cuidadosa antes de invertir.

Inversiones Internacionales: Aprovechando Oportunidades Globales

La diversificación internacional es una estrategia avanzada que permite a los inversores aprovechar las oportunidades globales y mitigar el riesgo asociado con la exposición excesiva a un solo mercado. Al expandir la cartera más allá de las fronteras nacionales, se pueden aprovechar las oportunidades de crecimiento en economías emergentes y acceder a sectores y empresas que pueden no estar disponibles en el mercado local.

Sin embargo, antes de embarcarse en inversiones internacionales, es fundamental realizar una investigación exhaustiva y comprender las diferencias regulatorias, culturales y económicas de cada país. Esto garantiza una comprensión clara de los riesgos y las oportunidades asociadas con cada mercado extranjero. Además, se deben considerar los aspectos logísticos y legales relacionados con la inversión en el extranjero, como los impuestos, la repatriación de fondos y la protección de los derechos de propiedad.

La diversificación internacional también ofrece una forma de mitigar el riesgo país, ya que las condiciones económicas y políticas pueden variar significativamente de un país a otro. Al invertir en múltiples mercados internacionales, los inversores pueden reducir la exposición a eventos adversos que puedan afectar a un país en particular.

Por otro lado, es importante reconocer que la diversificación internacional no elimina por completo el riesgo, ya que los mercados globales están interconectados y pueden verse afectados por eventos económicos y geopolíticos a nivel mundial. Sin embargo, al diversificar a nivel internacional, los inversores pueden reducir la correlación entre los activos de sus carteras y, por lo tanto, mitigar parte del riesgo sistemático asociado con la inversión en un solo mercado.

En resumen, la inversión internacional ofrece oportunidades significativas de diversificación y crecimiento, pero también conlleva riesgos únicos que deben ser considerados cuidadosamente. Al comprender y gestionar estos riesgos, los inversores pueden aprovechar el potencial de crecimiento de los mercados globales mientras protegen sus carteras contra la volatilidad y los eventos adversos.

Inversiones Temáticas: Apostando por Tendencias a Largo Plazo

Las inversiones temáticas ofrecen a los inversores la oportunidad de apostar por tendencias a largo plazo que pueden impulsar el crecimiento en sectores específicos de la economía. Estas tendencias, que abarcan áreas como la tecnología disruptiva, las energías renovables, la salud y el bienestar, y los cambios demográficos, representan áreas de innovación y desarrollo que pueden generar oportunidades de inversión significativas en el futuro.

Al identificar y apostar por estas tendencias emergentes, los inversores pueden posicionarse para obtener rendimientos sólidos a medida que se desarrollan a lo largo del tiempo. Por ejemplo, la tecnología disruptiva, que incluye áreas como la inteligencia artificial, el internet de las cosas y la biotecnología, está transformando industrias enteras y creando nuevas oportunidades de inversión. De manera similar, el crecimiento de las energías renovables en respuesta a la creciente conciencia sobre el cambio climático está generando oportunidades en sectores como la energía solar, eólica y de almacenamiento de energía.

La inversión temática también puede centrarse en áreas como la salud y el bienestar, que están experimentando un crecimiento significativo impulsado por factores como el envejecimiento de la población y el aumento de la conciencia sobre la salud. Compañías que ofrecen productos y servicios relacionados con la salud, la nutrición, el fitness y la atención médica pueden ser áreas de interés para los inversores que buscan capitalizar estas tendencias a largo plazo.

Además, los cambios demográficos, como el aumento de la urbanización, la migración hacia áreas metropolitanas y el cambio en la estructura familiar, están creando oportunidades de inversión en áreas como la vivienda, la infraestructura y los servicios relacionados con el estilo de vida urbano. Identificar y capitalizar estas tendencias puede proporcionar a los inversores exposición a áreas de crecimiento potencial a largo plazo.

Sin embargo, es importante tener en cuenta que las tendencias pueden cambiar y evolucionar con el tiempo, lo que significa que los inversores deben ser conscientes de la necesidad de una supervisión continua de la cartera. La capacidad de adaptarse a medida que cambian las condiciones del mercado y las tendencias emergentes es esencial para el éxito a largo plazo en la inversión temática.

En resumen, las inversiones temáticas ofrecen una forma de capitalizar tendencias a largo plazo que pueden impulsar el crecimiento en sectores específicos de la economía. Al identificar y apostar por estas tendencias emergentes, los inversores pueden posicionarse para obtener rendimientos sólidos a medida que se desarrollan a lo largo del tiempo. Sin embargo, la supervisión continua de la cartera y la capacidad de adaptarse a medida que cambian las condiciones del mercado son fundamentales para el éxito a largo plazo en este enfoque de inversión.

Estrategias de Trading Avanzadas: Aprovechando la Volatilidad del Mercado

Las estrategias de trading avanzadas son herramientas poderosas utilizadas por inversores experimentados para capitalizar la volatilidad del mercado y generar ganancias a corto plazo. Estas tácticas, que van más allá de las inversiones tradicionales, requieren un profundo conocimiento del mercado y una capacidad para actuar rápidamente en respuesta a los cambios en las condiciones del mercado. A continuación, exploraremos algunas de las estrategias de trading avanzadas más comunes utilizadas por inversores experimentados.

Una de las estrategias más empleadas por los traders avanzados es el arbitraje, que implica la compra y venta simultánea de activos similares para aprovechar las discrepancias de precios en diferentes mercados. Por ejemplo, un trader podría comprar un activo en un mercado donde está subvaluado y venderlo en otro donde está sobrevaluado, obteniendo así un beneficio sin asumir ningún riesgo. Sin embargo, el arbitraje requiere una ejecución rápida y precisa para capitalizar las oportunidades antes de que desaparezcan.

Otra estrategia popular entre los traders avanzados es el trading de opciones, que implica la compra y venta de contratos de opciones sobre acciones u otros activos subyacentes. Las opciones ofrecen a los inversores la oportunidad de beneficiarse de movimientos en el precio de un activo subyacente sin tener que poseer el activo en sí mismo. Los traders pueden utilizar diversas estrategias de opciones, como calls, puts, spreads y straddles, para obtener beneficios en diferentes condiciones del mercado.

El trading algorítmico es otra estrategia que ha ganado popularidad en los últimos años. Esta técnica implica el uso de algoritmos informáticos para ejecutar operaciones de compra y venta automáticamente, en función de condiciones predefinidas como precios, volúmenes y tendencias del mercado. El trading algorítmico permite a los traders aprovechar las oportunidades de mercado de manera rápida y eficiente, sin la necesidad de intervención humana constante.

Por último, el trading de alta frecuencia o "high frequency trading" (HFT) es una estrategia que se basa en la ejecución de un gran número de operaciones en fracciones de segundo. Los traders de alta frecuencia utilizan algoritmos avanzados y acceso directo al mercado para capitalizar en pequeños movimientos de precios y obtener beneficios rápidos. Sin embargo, esta estrategia puede ser extremadamente arriesgada y requiere una infraestructura tecnológica sofisticada para tener éxito.

Es importante tener en cuenta que todas estas estrategias de trading avanzadas conllevan un mayor riesgo y pueden no ser adecuadas para todos los inversores. Además, es crucial tener en cuenta los costos asociados con estas estrategias, que pueden reducir significativamente los rendimientos netos. Los traders deben ser conscientes de los riesgos involucrados y tener un plan de gestión de riesgos sólido en su lugar antes de embarcarse en cualquier estrategia de trading avanzada. En última instancia, la clave del éxito en el trading avanzado radica en la disciplina, el conocimiento del mercado y la capacidad para adaptarse a las condiciones cambiantes del mercado.

Inversiones Sostenibles y Socialmente Responsables: Generando Impacto Positivo

El interés en las inversiones sostenibles y socialmente responsables está en aumento, ya que cada vez más inversores buscan generar un impacto positivo en el mundo además de obtener rendimientos financieros. Estas inversiones consideran factores ambientales, sociales y de gobierno corporativo (ESG) en el proceso de toma de decisiones, lo que significa que se evalúan tanto el impacto ambiental y social de una empresa como su rendimiento financiero.

Las inversiones sostenibles pueden abarcar una amplia gama de áreas, desde empresas que promueven la igualdad de género y la diversidad en el lugar de trabajo hasta aquellas que están comprometidas con prácticas ambientales sostenibles, como la reducción de emisiones de carbono o la conservación de recursos naturales. Por otro lado, las inversiones socialmente responsables pueden centrarse en empresas que tienen un impacto positivo en sus comunidades locales o que están comprometidas con prácticas éticas y transparentes en su cadena de suministro.

Al invertir de manera responsable, los inversores pueden contribuir a abordar desafíos globales como el cambio climático, la pobreza y la desigualdad, al tiempo que generan rendimientos financieros atractivos. Además, muchas investigaciones sugieren que las empresas con sólidos estándares ESG tienden a ser más resistentes a los riesgos a largo plazo y pueden tener un desempeño financiero superior en comparación con aquellas que no lo hacen.

En resumen, las inversiones sostenibles y socialmente responsables ofrecen a los inversores la oportunidad de alinear sus valores personales con sus objetivos financieros. Al considerar factores ESG en el proceso de toma de decisiones, los inversores pueden generar un impacto positivo en el mundo mientras buscan obtener rendimientos financieros sólidos a largo plazo.

Inversión en Criptomonedas y Tecnología Blockchain: Navegando en un Nuevo Mundo Financiero

El auge de las criptomonedas y la tecnología blockchain ha generado un gran interés entre los inversores, ofreciendo nuevas oportunidades en un mercado en constante evolución. Criptomonedas como Bitcoin y Ethereum han captado la atención del público debido a su potencial de crecimiento a largo plazo, aunque también han experimentado una volatilidad significativa. Sin embargo, para aquellos que consideran invertir en este espacio, es fundamental comprender los riesgos asociados y realizar una diligencia debida exhaustiva.

Las criptomonedas, como Bitcoin y Ethereum, han ganado popularidad como alternativas digitales al dinero tradicional. La tecnología blockchain, que subyace a estas criptomonedas, es un registro digital descentralizado que permite la transferencia segura y transparente de activos sin necesidad de un intermediario centralizado. Esta tecnología promete disruptir una amplia gama de industrias, desde las finanzas hasta la logística y la atención médica, ofreciendo oportunidades de inversión en proyectos innovadores basados en blockchain.

Sin embargo, a pesar de su potencial, el mercado de las criptomonedas es conocido por su extrema volatilidad. Los precios pueden fluctuar significativamente en cuestión de horas o incluso minutos, lo que hace que sea un mercado emocionante pero también arriesgado para los inversores. Además, la falta de regulación en muchas jurisdicciones y los riesgos de seguridad cibernética, como los hackeos de intercambios y carteras, son preocupaciones importantes que los inversores deben tener en cuenta.

Antes de invertir en criptomonedas, es crucial realizar una diligencia debida exhaustiva. Esto incluye investigar y comprender la tecnología subyacente, evaluar el equipo de desarrollo y la hoja de ruta del proyecto, y analizar el potencial de adopción y uso del mercado. También es importante considerar la tolerancia al riesgo personal y el horizonte temporal de la inversión. Las criptomonedas pueden ser adecuadas para algunos inversores como parte de una cartera diversificada, pero no son adecuadas para todos debido a su alta volatilidad y riesgos asociados.

A pesar de los desafíos, muchas personas ven las criptomonedas como una oportunidad emocionante para participar en la próxima revolución financiera. La capacidad de invertir directamente en proyectos innovadores basados en blockchain y participar en redes descentralizadas puede ofrecer un potencial de crecimiento a largo plazo que no está disponible en los mercados financieros tradicionales. Sin embargo, es importante recordar que la inversión en criptomonedas conlleva un alto nivel de riesgo y es importante estar preparado para la volatilidad y la incertidumbre que pueden surgir en este espacio.

Gestión Activa vs. Gestión Pasiva: Encontrando el Equilibrio Adecuado

La gestión activa y la gestión pasiva representan dos enfoques diferentes para la inversión, cada uno con sus propias ventajas y desventajas. La gestión activa implica la selección activa de inversiones individuales con el objetivo de superar el rendimiento del mercado, mientras que la gestión pasiva busca replicar el rendimiento de un índice de referencia a través de fondos indexados o ETFs. Encontrar el equilibrio adecuado entre estas dos estrategias puede depender de una serie de factores, incluidos los objetivos del inversor, la tolerancia al riesgo y el horizonte temporal.

La gestión activa ha sido durante mucho tiempo el enfoque dominante en la industria de la inversión. Los gestores de fondos activos buscan identificar oportunidades de inversión subvaloradas y superar el rendimiento del mercado a través de una cuidadosa selección de acciones y otros activos. Sin embargo, la gestión activa conlleva costos más altos en forma de tarifas de gestión y costos de transacción, y los gestores activos no siempre logran superar consistentemente el rendimiento del mercado a largo plazo.

Por otro lado, la gestión pasiva se ha vuelto cada vez más popular en los últimos años, especialmente con la proliferación de fondos indexados y ETFs. Estos vehículos de inversión buscan replicar el rendimiento de un índice de referencia específico, como el S&P 500, en lugar de tratar de superarlo. La gestión pasiva ofrece costos más bajos, ya que los fondos indexados tienden a tener tarifas de gestión más bajas que los fondos activos, y tiende a ofrecer un rendimiento consistente con el mercado subyacente.

Encontrar el equilibrio adecuado entre la gestión activa y la gestión pasiva puede depender de los objetivos y circunstancias individuales del inversor. Los inversores que buscan maximizar el potencial de crecimiento a largo plazo pueden optar por una estrategia más activa, mientras que aquellos que buscan minimizar los costos y la volatilidad pueden preferir una estrategia más pasiva. Muchos inversores optan por combinar ambas estrategias en una cartera diversificada, utilizando la gestión activa para aprovechar las oportunidades de inversión específicas y la gestión pasiva para mantener una exposición amplia al mercado.

Es importante tener en cuenta que no existe una estrategia única que funcione para todos los inversores, y la gestión activa y pasiva tienen sus propias ventajas y desventajas. Los inversores deben considerar cuidadosamente sus objetivos financieros, tolerancia al riesgo y horizonte temporal al decidir qué enfoque de gestión de inversiones es el adecuado para ellos. Al entender las diferencias entre la gestión activa y pasiva y cómo se complementan entre sí, los inversores pueden construir una cartera sólida y bien equilibrada que se adapte a sus necesidades individuales.

En conclusión, las estrategias avanzadas de inversión ofrecen oportunidades emocionantes para maximizar el potencial de crecimiento financiero. Sin embargo, es importante recordar que estas estrategias conllevan un mayor nivel de riesgo y pueden no ser adecuadas para todos los inversores. Antes de implementar cualquiera de estas estrategias, es fundamental realizar una investigación exhaustiva, consultar a profesionales financieros calificados y tener en cuenta su situación financiera personal, objetivos y tolerancia al riesgo. Con un enfoque disciplinado, una planificación cuidadosa y una ejecución diligente, los inversores pueden aprovechar estas estrategias para avanzar hacia sus metas financieras a largo plazo.

CAPÍTULO VII
Superando el Miedo al Fracaso: Aprendiendo de tus Errores y Persistiendo en la Adversidad

"La única constante en el mercado financiero es la incertidumbre."

- Benjamin Graham

En este capítulo, exploraremos estrategias efectivas para enfrentar la incertidumbre del mercado financiero y proteger tus inversiones en tiempos de volatilidad. La incertidumbre es una constante en los mercados financieros, pero con una estrategia sólida y una mentalidad adecuada, puedes navegar con éxito los desafíos que presenta.

Una estrategia clave para afrontar la incertidumbre del mercado es mantener una mentalidad de inversión a largo plazo. En lugar de enfocarte en las fluctuaciones diarias del mercado, concéntrate en tus objetivos financieros a largo plazo y en las tendencias económicas fundamentales que impulsan el crecimiento a largo plazo. Mantener una visión a largo plazo te permite mantener la calma durante períodos de volatilidad y tomar decisiones de inversión basadas en fundamentos sólidos en lugar de emociones momentáneas.

Por otra parte, del análisis financiero, es esencial evaluar la posición de la empresa en el mercado y su modelo de negocio. Esto implica examinar su participación en el mercado, la competencia, las barreras de entrada, la diferenciación de productos y la capacidad de adaptación a los cambios en el entorno empresarial. Comprender estos factores proporciona información valiosa sobre la posición competitiva de la empresa y su capacidad para generar valor a largo plazo.

De igual manera, es fundamental evaluar las perspectivas de crecimiento futuro de la empresa. Esto implica analizar las tendencias del mercado, la demanda del producto o servicio ofrecido por la empresa, las oportunidades de expansión geográfica y las inversiones en investigación y desarrollo. Al identificar empresas con un sólido potencial de crecimiento a largo plazo, los inversores pueden posicionarse para obtener rendimientos significativos en el futuro.

Adicionalmente, es importante considerar otros factores macroeconómicos y geopolíticos que puedan afectar el desempeño de las inversiones. Esto incluye evaluar las condiciones económicas globales, las políticas gubernamentales, los cambios regulatorios, los eventos geopolíticos y los riesgos sistémicos. Si bien estos factores pueden ser difíciles de predecir, es importante estar al tanto de ellos y considerar su impacto potencial en las inversiones.

En resumen, realizar un análisis exhaustivo de los fundamentos subyacentes de las inversiones proporciona una base sólida para la toma de decisiones de inversión. Al evaluar cuidadosamente los estados financieros, la posición en el mercado, el modelo de negocio, las perspectivas de crecimiento futuro y otros factores relevantes, los inversores pueden reducir la incertidumbre del mercado y aumentar la probabilidad de obtener rendimientos sólidos a largo plazo.

Es esencial reconocer la importancia de mantener una reserva de efectivo o activos líquidos en tu cartera de inversiones, especialmente en momentos de volatilidad del mercado. Esta liquidez proporciona una base sólida para aprovechar las oportunidades que puedan surgir durante períodos de incertidumbre y fluctuación en los mercados financieros.

Cuando el mercado experimenta una fase de baja, tener liquidez te brinda la capacidad de capitalizar activos infravalorados. En estos momentos, los precios de los activos pueden caer por debajo de su valor intrínseco debido a la incertidumbre o al pánico del mercado. Al contar con efectivo disponible, puedes aprovechar estas oportunidades para adquirir activos a precios más bajos de lo habitual, lo que te permite construir una cartera diversificada a precios atractivos.

Por otro lado, durante períodos de alza en el mercado, la liquidez te ofrece la flexibilidad de vender activos sobrevalorados. En estos momentos, los precios de los activos pueden inflarse más allá de su valor real debido a la euforia y el optimismo del mercado. Tener efectivo disponible te permite deshacerte de activos que consideres sobrevalorados y asegurar ganancias, evitando así quedar atrapado en una corrección del mercado.

Mantener una reserva de efectivo también es crucial para proteger tu cartera contra los riesgos de liquidez. En situaciones adversas, como una recesión económica o una crisis financiera, los inversores pueden enfrentarse a dificultades para vender activos o acceder a fondos en efectivo. En tales escenarios, la liquidez actúa como un amortiguador, permitiéndote cubrir gastos inesperados o aprovechar oportunidades de inversión sin tener que vender activos a precios desfavorables.

Además, la liquidez proporciona tranquilidad y estabilidad emocional durante períodos de volatilidad del mercado. Saber que tienes fondos disponibles para aprovechar oportunidades o hacer frente a emergencias financieras puede ayudar a reducir el estrés y la ansiedad asociados con la incertidumbre del mercado. Esta sensación de seguridad financiera te permite mantener la calma y tomar decisiones de inversión racionales y fundamentadas, en lugar de reaccionar impulsivamente ante la volatilidad del mercado.

Por lo tanto, mantener una reserva de efectivo o activos líquidos en tu cartera de inversiones es fundamental para aprovechar las oportunidades y proteger tu patrimonio durante períodos de volatilidad del mercado. La liquidez te brinda la flexibilidad necesaria para capitalizar activos infravalorados, deshacerte de activos sobrevalorados, proteger tu cartera contra los riesgos de liquidez y mantener la estabilidad emocional en momentos de incertidumbre. Al integrar la liquidez como parte de tu estrategia de inversión, puedes maximizar tus rendimientos a largo plazo y construir una cartera sólida y resiliente ante los vaivenes del mercado.

Una estrategia adicional que puede resultar valiosa es emplear enfoques de inversión contraria, también conocidos como "contrarian investing" en inglés. Esta táctica implica actuar de manera contraria a la tendencia predominante del mercado, aprovechando las oportunidades que se presentan cuando el mercado reacciona de manera exagerada a las noticias o eventos.

Al adoptar una mentalidad contraria, los inversores buscan capitalizar en las discrepancias entre el precio de mercado y el valor intrínseco de los activos. En lugar de seguir ciegamente la multitud, estos inversores están dispuestos a nadar contra la corriente, comprando cuando otros venden y vendiendo cuando otros compran. Esta estrategia se basa en la premisa de que el mercado a menudo sobrerreacciona a las noticias, lo que puede resultar en fluctuaciones extremas de precios que no reflejan necesariamente el verdadero valor de los activos subyacentes.

La clave para el éxito en la inversión contraria radica en la capacidad de identificar situaciones en las que el mercado ha sobrevalorado o subvalorado un activo en relación con su valor intrínseco. Esto puede implicar buscar acciones o activos que hayan experimentado una caída abrupta en su precio debido a eventos transitorios o exageraciones del mercado. Al analizar detenidamente los fundamentos de la empresa y evaluar su capacidad para recuperarse de la adversidad, los inversores contrarios pueden identificar oportunidades de compra atractivas que el mercado haya pasado por alto.

Por otro lado, también pueden surgir oportunidades de venta cuando el mercado está en un estado de euforia irracional, impulsado por el optimismo excesivo de los inversores. En estos casos, los inversores contrarios pueden optar por vender activos que consideren sobrevalorados y esperar a que los precios se corrijan a niveles más realistas en el futuro. Esta estrategia requiere una sólida convicción en la evaluación del valor intrínseco de los activos y una disposición a mantenerse firmes ante la presión del mercado.

Es importante tener en cuenta que la inversión contraria no es adecuada para todos los inversores y puede conllevar un mayor grado de riesgo y volatilidad en comparación con enfoques más convencionales. Requiere una gran dosis de paciencia, disciplina y capacidad para resistir la presión emocional del mercado. Sin embargo, para aquellos inversores dispuestos a asumir este desafío, la inversión contraria puede ofrecer oportunidades significativas de generar rendimientos sólidos a largo plazo.

En conclusión, la estrategia de inversión contraria ofrece a los inversores una forma de afrontar la incertidumbre del mercado al capitalizar en las discrepancias entre el precio de mercado y el valor intrínseco de los activos. Al adoptar una mentalidad contraria y estar dispuestos a actuar en contra de la corriente, los inversores pueden identificar oportunidades de compra y venta que el mercado haya pasado por alto, potencialmente generando rendimientos sólidos a largo plazo. Sin embargo, es importante reconocer que esta estrategia no está exenta de riesgos y requiere un enfoque cuidadoso y disciplinado por parte del inversor.

Por último, mantenerse al tanto de los eventos económicos y financieros relevantes que pueden impactar en el mercado, es esencial adoptar un enfoque proactivo hacia la búsqueda y análisis de información. Esto implica no solo seguir de cerca los informes económicos y las noticias financieras, sino también estar al tanto de las tendencias del mercado y las opiniones de expertos y analistas. Al mantenerse informado de manera constante y sistemática, los inversores pueden tomar decisiones más fundamentadas y adaptarse de manera efectiva a las condiciones cambiantes del mercado.

Una forma de mantenerse informado es mediante el seguimiento regular de los informes económicos clave, como los datos de crecimiento del producto interno bruto (PIB), la tasa de desempleo, la inflación y las decisiones de política monetaria de los bancos centrales. Estos indicadores proporcionan una visión general de la salud económica de un país o región, así como pistas sobre posibles tendencias futuras en los mercados financieros. Los inversores pueden utilizar esta información para evaluar el panorama económico y tomar decisiones de inversión acertadas en consecuencia.

Además de los informes económicos, es importante estar al tanto de las noticias financieras que pueden tener un impacto inmediato en los mercados. Esto incluye eventos como anuncios de ganancias corporativas, cambios en la política fiscal o regulatoria, crisis geopolíticas y desarrollos en los mercados internacionales. Estos eventos pueden desencadenar movimientos significativos en los precios de los activos y crear oportunidades de inversión tanto a corto como a largo plazo.

Mantenerse actualizado con las tendencias del mercado es otro aspecto crucial para estar bien informado como inversor. Esto implica monitorear los movimientos de los precios de los activos en diferentes clases de activos, como acciones, bonos, divisas y materias primas. Al identificar patrones de comportamiento en los mercados y comprender las fuerzas impulsoras detrás de ellos, los inversores pueden anticipar posibles movimientos futuros y ajustar sus estrategias de inversión en consecuencia.

Además de seguir las tendencias del mercado, es importante escuchar las opiniones y análisis de expertos y analistas financieros. Estos profesionales suelen tener un profundo conocimiento del mercado y pueden ofrecer perspectivas valiosas sobre posibles oportunidades y riesgos. Participar en seminarios web, conferencias o grupos de discusión en línea también puede ser una forma efectiva de obtener información y compartir ideas con otros inversores.

Mantenerse informado sobre los acontecimientos económicos y financieros es fundamental para tomar decisiones de inversión acertadas. Al seguir de cerca los informes económicos, las noticias financieras, las tendencias del mercado y las opiniones de expertos, los inversores pueden estar mejor preparados para adaptarse a las condiciones cambiantes del mercado y aprovechar las oportunidades de inversión cuando surjan. La información es poder en el mundo de las inversiones, y estar bien informado puede marcar la diferencia entre el éxito y el fracaso en el mercado financiero.

En resumen, la incertidumbre del mercado financiero es una realidad inevitable, pero con las estrategias adecuadas, puedes afrontarla con éxito y proteger tus inversiones. Al mantener una mentalidad de inversión a largo plazo, realizar un análisis fundamental sólido, diversificar tus inversiones, mantener liquidez, adoptar una mentalidad contraria y mantenerse informado sobre los acontecimientos del mercado, puedes proteger tu cartera y maximizar tus rendimientos a largo plazo.

TERCERA PARTE

Conclusiones y Reflexiones

Capítulo I

El primer capítulo enfatiza el papel transformador de los sueños en el logro del éxito económico. Se destaca que los sueños son más que meros deseos; son visiones del futuro que nos inspiran y guían en nuestra búsqueda de realización personal y profesional.

El capítulo resalta la importancia de establecer metas financieras claras y alcanzables, basadas en el acrónimo SMART (específicas, medibles, alcanzables, relevantes y limitadas en el tiempo). Además, se enfatiza la necesidad de reflexionar sobre nuestros valores personales y aspiraciones al establecer estas metas.

Priorizar estas metas es fundamental, considerando plazos, urgencia y significado personal. La evaluación de la relevancia de cada meta en relación con los valores personales y aspiraciones individuales ayuda a identificar las metas más resonantes y alineadas con el bienestar financiero general.

Crear un presupuesto detallado es esencial para alcanzar las metas financieras, asignando fondos específicos para cada objetivo prioritario. Se ofrecen diferentes reglas para distribuir los ingresos mensuales, adaptándose a las necesidades y objetivos individuales.

Finalmente, se destaca la importancia de revisar regularmente el presupuesto y las metas financieras para asegurarse de que sigan siendo relevantes y alcanzables. Se sugiere buscar asesoramiento profesional si es necesario y se enfatiza la importancia de celebrar cada logro en el camino hacia la realización de los sueños financieros.

Capítulo II

Este capítulo se centra en la importancia de cultivar una mentalidad de éxito en el camino hacia la libertad financiera. Aquí hay un resumen de los puntos clave:

1.-Importancia de la Mentalidad: La mentalidad juega un papel crucial en el éxito financiero, afectando nuestras creencias, actitudes y comportamientos relacionados con el dinero.

2.-Abrazando la Abundancia: Cultivar una mentalidad de abundancia, en contraposición a la mentalidad de escasez, nos ayuda a ver las oportunidades en lugar de los obstáculos.

3. -Desafiando las Creencias Limitantes: Identificar y desafiar las creencias limitantes sobre el dinero y la riqueza es fundamental para alcanzar la libertad financiera.

4. -Importancia de la Automotivación: Cultivar la automotivación, la disciplina y la determinación nos impulsa a superar obstáculos y mantenernos enfocados en nuestras metas financieras.

5.-Visualización y Manifestación: Utilizar la visualización y la manifestación nos ayuda a programar nuestra mente subconsciente para trabajar en pro de nuestras metas financieras.

6.-Aprendiendo de los Fracasos: En lugar de temer al fracaso, debemos verlo como una oportunidad para aprender y crecer en nuestro camino hacia el éxito financiero.

7.-Desarrollando Resiliencia: La resiliencia nos permite recuperarnos rápidamente de los contratiempos y adaptarnos a las circunstancias adversas, manteniendo el enfoque en nuestros objetivos financieros a largo plazo.

8.-Construyendo una Red de Apoyo: Contar con una red de apoyo sólida nos brinda ayuda, orientación y apoyo emocional durante los momentos difíciles y desafiantes.

9. -Celebrando el Progreso: Reconocer y celebrar nuestros éxitos, grandes y pequeños, nos motiva a seguir adelante y fortalece nuestra autoestima y determinación.

En resumen, cultivar una mentalidad de éxito, desafiando las creencias limitantes, desarrollando resiliencia y contando con una red de apoyo sólida son elementos clave para alcanzar la libertad financiera y el éxito personal.

Capítulo III

El capítulo aborda la importancia del ahorro como una práctica fundamental para alcanzar la libertad financiera. Destaca que el ahorro no se limita a reservar dinero, sino que representa una mentalidad de responsabilidad financiera y proporciona seguridad ante emergencias y estabilidad económica. Además, el ahorro permite perseguir metas a largo plazo y transformar sueños en realidades tangibles.

Se presentan estrategias prácticas para ahorrar de manera efectiva:

1.-Establecer objetivos de ahorro claros y alcanzables.

2.-Presupuestar para identificar áreas de reducción de gastos.

3.-Automatizar el ahorro para hacerlo constante y prioritario.

4.-Eliminar deudas de alto interés mediante un plan de pago estructurado.
5.-Buscar descuentos y ofertas para maximizar el ahorro en compras diarias.

6.-Practicar el consumo consciente, priorizando gastos según valores personales y distinguiendo entre necesidades y deseos.

7.-Reconocer los desafíos del ahorro, como la tentación de gastar y los imprevistos financieros, y desarrollar estrategias para superarlos.

Se resalta que el ahorro conlleva recompensas, como la libertad financiera y la realización de metas a largo plazo, pero también presenta desafíos que requieren disciplina y determinación para superar. En resumen, el capítulo enfatiza que el ahorro es una práctica continua que, con cada pequeño paso, nos acerca más a nuestras metas financieras y a la realización personal.

Capítulo IV

El capítulo aborda varios aspectos fundamentales de la inversión:

1.-Definición y importancia de la inversión: Se destaca que la inversión implica destinar recursos financieros a activos con la expectativa de obtener un retorno positivo en el futuro. Se enfatiza su importancia para el crecimiento financiero a largo plazo, ya que permite aumentar la riqueza, proteger contra la inflación y generar ingresos pasivos y crecimiento a largo plazo.

2.-Objetivos financieros: Se menciona la importancia de establecer objetivos financieros claros, como la jubilación, la compra de una casa o un automóvil, y la búsqueda de la libertad financiera. Estos objetivos actúan como guía para tomar decisiones financieras informadas y construir un futuro sólido y próspero.

3.-Riesgo y rendimiento: Se explica la relación directa entre el riesgo y el rendimiento en las inversiones, así como estrategias para equilibrar ambos de acuerdo con la tolerancia al riesgo y los objetivos financieros.

4.-Horizonte temporal: Se destaca la importancia de considerar el horizonte temporal al seleccionar activos, evaluar la tolerancia al riesgo y desarrollar estrategias de inversión.

5.-Costos y comisiones: Se subraya la importancia de comprender y minimizar los costos asociados con la inversión, como comisiones de corretaje, gastos de gestión y cargos por transacción.

6.-Planificación fiscal: Se aborda la optimización de la situación fiscal mediante estrategias como la ubicación de activos, el uso de cuentas de jubilación y la pérdida de cosecha.

7.-Monitoreo y ajuste: Se describen prácticas para monitorear y ajustar la cartera de inversiones, como establecer una frecuencia de revisión, evaluar el rendimiento, revisar la asignación de activos y mantenerse informado sobre eventos del mercado.

8.-Educación continua: Se destaca la importancia de buscar constantemente oportunidades para mejorar el conocimiento y las habilidades en inversión a través de la educación y la consulta con expertos financieros.

En resumen, el capítulo proporciona una guía integral para entender los principios básicos de la inversión, establecer objetivos financieros, gestionar el riesgo, minimizar costos, optimizar la situación fiscal y mantener una educación continua para alcanzar el éxito financiero a largo plazo.

Capítulo V

El capítulo aborda varios subtemas relacionados con la diversificación y la gestión del riesgo en la inversión y la protección del patrimonio:

1.-Importancia de la diversificación y la gestión del riesgo: Se destaca la relevancia de estas estrategias para mitigar el riesgo y maximizar las posibilidades de éxito financiero a largo plazo. La comprensión y aplicación de estos conceptos son fundamentales para proteger el patrimonio de manera efectiva y construir una cartera de inversiones diversificada.

2.-Diversificación: Se explica que la diversificación consiste en distribuir las inversiones entre diferentes clases de activos, sectores industriales y geografías. Su objetivo principal es reducir el impacto negativo de eventos adversos específicos en un sector o mercado. Se menciona que la diversificación también permite aprovechar oportunidades de crecimiento en diferentes áreas de la economía. Se resalta que reduce la volatilidad y mejora el rendimiento ajustado al riesgo a lo largo del tiempo.

3.-Estrategias de diversificación: Se describen varias formas de diversificar una cartera, como por clase de activo, sector industrial, región geográfica y tipo de instrumento financiero. Se mencionan ejemplos de cada estrategia y su papel en la reducción del riesgo general de la cartera.

4.-Gestión del riesgo: Se explica que implica un proceso sistemático de identificación, evaluación y mitigación de riesgos asociados con las inversiones. Se destaca la importancia de desarrollar un plan de gestión del riesgo sólido y proactivo para proteger el patrimonio de eventos adversos. Se describen técnicas de gestión del riesgo, como establecer límites de pérdida, órdenes de stop-loss, diversificación, apalancamiento, cobertura y optimización de la cartera.

5.-Evaluación continua del riesgo: Se enfatiza que la gestión del riesgo es un proceso dinámico que requiere una evaluación continua y ajustes según sea necesario. Se destaca la importancia de monitorear regularmente las inversiones y ajustar la estrategia de inversión en respuesta a cambios en el mercado o la identificación de nuevos riesgos.

En resumen, el capítulo ofrece una comprensión detallada de la diversificación y la gestión del riesgo, explicando su importancia, estrategias asociadas y la necesidad de una evaluación continua para proteger el patrimonio y maximizar los retornos a largo plazo.

Capítulo VI

El capítulo aborda diversas estrategias avanzadas de inversión con el objetivo de maximizar el potencial de crecimiento financiero de los inversores. Estas estrategias incluyen:

1.-Inversiones Alternativas: Se exploran oportunidades fuera del mercado de valores convencional, como bienes raíces, obras de arte, startups y fondos de cobertura. Estas inversiones ofrecen diversificación para reducir el riesgo y pueden brindar estabilidad a la cartera.

2.-Inversiones Internacionales: Se destaca la importancia de diversificar a nivel internacional para aprovechar oportunidades globales y mitigar el riesgo asociado con la exposición excesiva a un solo mercado.

3..Inversiones Temáticas: Se menciona la posibilidad de apostar por tendencias a largo plazo en sectores específicos de la economía, como la tecnología disruptiva, las energías renovables y la salud y bienestar.

4.-Estrategias de Trading Avanzadas: Se exploran tácticas para capitalizar la volatilidad del mercado, como el arbitraje, el trading de opciones, el trading algorítmico y el trading de alta frecuencia, resaltando la necesidad de comprender los riesgos asociados y tener un plan de gestión de riesgos sólido.

5.-Inversiones Sostenibles y Socialmente Responsables: Se aborda la creciente demanda de inversiones que generen un impacto positivo en el mundo, considerando factores ESG en el proceso de toma de decisiones.

6.-Inversión en Criptomonedas y Tecnología Blockchain: Se discute el auge de las criptomonedas y la tecnología blockchain como una nueva oportunidad de inversión, destacando los riesgos asociados y la importancia de la diligencia debida.

7.-Gestión Activa vs. Gestión Pasiva: Se analizan los enfoques de gestión activa y pasiva, resaltando sus ventajas y desventajas, y la importancia de encontrar un equilibrio adecuado según los objetivos y la tolerancia al riesgo del inversor.

En conclusión, se enfatiza la importancia de realizar una investigación exhaustiva, consultar a profesionales financieros calificados y considerar la situación financiera personal al implementar estas estrategias avanzadas de inversión. Con un enfoque disciplinado y una planificación cuidadosa, los inversores pueden avanzar hacia sus metas financieras a largo plazo.

Capítulo VII

El capítulo destaca varios puntos importantes para enfrentar la incertidumbre del mercado financiero y proteger las inversiones en tiempos de volatilidad:

1.-Mentalidad de inversión a largo plazo: Se enfatiza la importancia de mantener una visión a largo plazo y enfocarse en los objetivos financieros a largo plazo en lugar de las fluctuaciones diarias del mercado.

2.-Análisis fundamental de las inversiones: Se destaca la necesidad de realizar un análisis exhaustivo de los fundamentos subyacentes de las inversiones, incluyendo la evaluación de la posición de la empresa en el mercado, su modelo de negocio y las perspectivas de crecimiento futuro.

3.-Mantener liquidez: Se resalta la importancia de mantener una reserva de efectivo o activos líquidos en la cartera de inversiones para aprovechar oportunidades durante períodos de volatilidad, así como para proteger contra los riesgos de liquidez y mantener la estabilidad emocional.

4.-Enfoque de inversión contraria: Se menciona la estrategia de inversión contraria como una forma de capitalizar las discrepancias entre el precio de mercado y el valor intrínseco de los activos, aunque se advierte que conlleva un mayor riesgo y volatilidad.

5.-Mantenerse informado: Se destaca la importancia de mantenerse al tanto de los eventos económicos y financieros relevantes, seguir los informes económicos clave, estar al tanto de las noticias financieras y las tendencias del mercado, así como escuchar las opiniones de expertos y analistas.

En resumen, se enfatiza que enfrentar la incertidumbre del mercado financiero requiere estrategias como mantener una mentalidad de inversión a largo plazo, realizar un análisis fundamental sólido, mantener liquidez, considerar enfoques de inversión contraria y mantenerse informado sobre los acontecimientos del mercado. Estas estrategias pueden ayudar a proteger las inversiones y maximizar los rendimientos a largo plazo.

En conclusión, si bien la inteligencia artificial ha demostrado ser una herramienta valiosa en el mundo de las inversiones y los negocios, es esencial recordar que no sustituye al criterio humano. Siempre es importante analizar diversos factores antes de tomar decisiones financieras o de inversión significativas. La IA puede proporcionar datos y análisis útiles, pero no puede prever con certeza todos los resultados posibles ni considerar todos los aspectos éticos, sociales y económicos que pueden influir en una decisión.

A lo largo de este libro, hemos explorado estrategias para enfrentar la incertidumbre del mercado financiero, proteger las inversiones y aprovechar las oportunidades que ofrece la inteligencia artificial. Desde mantener una mentalidad de inversión a largo plazo hasta diversificar las inversiones y utilizar enfoques contrarios, hemos examinado diversas formas de navegar por los desafíos del mercado y maximizar los rendimientos.

Sin embargo, en medio de todas estas estrategias, es crucial recordar que la toma de decisiones informada y reflexiva es fundamental. La inteligencia artificial puede proporcionar análisis sofisticados y pronósticos precisos, pero no puede reemplazar la intuición humana ni evaluar factores intangibles como la ética empresarial, la reputación de una empresa o las implicaciones sociales de una inversión.

Por lo tanto, al utilizar herramientas de IA para informar nuestras decisiones, es importante complementarlas con un análisis crítico y una comprensión profunda de los mercados y las industrias en las que invertimos. Esto implica considerar no solo los datos cuantitativos, sino también los aspectos cualitativos que pueden influir en el éxito o el fracaso de una inversión.

Además, es esencial recordar que ninguna estrategia de inversión es infalible y que siempre existe un grado de riesgo asociado con cualquier decisión financiera. La inteligencia artificial puede ayudar a mitigar algunos de estos riesgos al proporcionar análisis predictivos y herramientas de gestión de riesgos, pero no puede eliminarlos por completo.

En última instancia, cada inversor debe asumir la responsabilidad de sus decisiones y estar preparado para adaptarse a medida que evolucionan las condiciones del mercado y la tecnología. La inteligencia artificial puede ser una herramienta poderosa en manos de inversores informados y prudentes, pero nunca debe utilizarse como un sustituto del juicio humano y la diligencia debida. Al combinar el poder de la IA con el discernimiento humano, podemos aprovechar al máximo las oportunidades de inversión y construir un futuro financiero sólido y sostenible.